Kompetenzdiagnostik, Kompetenzmodelle, kompetenzorientierter Unterricht

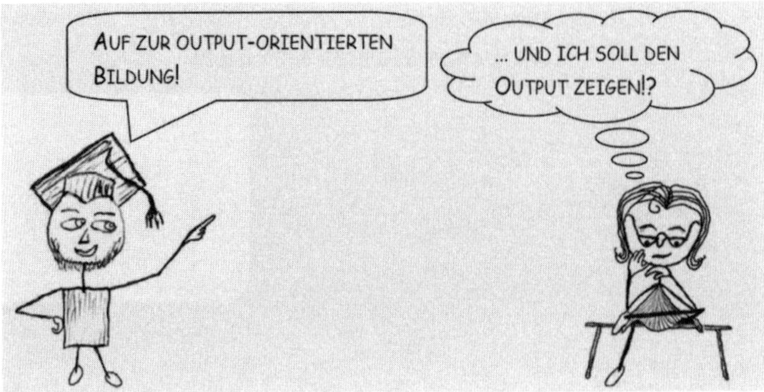
AUF ZUR OUTPUT-ORIENTIERTEN BILDUNG!
... UND ICH SOLL DEN OUTPUT ZEIGEN!?

Franz Schott
Shahram Azizi Ghanbari

Kompetenzdiagnostik, Kompetenzmodelle, kompetenzorientierter Unterricht

Zur Theorie und Praxis überprüfbarer Bildungsstandards

ComTrans – ein theoriegeleiteter Ansatz
zum Kompetenztransfer als Diskussionsvorlage

Waxmann 2008
Münster / New York / München / Berlin

Bibliografische Informationen der Deutschen Nationalbibliothek
Die Deutsche Nationalbibliothek verzeichnet diese Publikation in der Deutschen Nationalbibliografie; detaillierte bibliografische Daten sind im Internet über http://dnb.d-nb.de abrufbar.

ISBN 978-3-8309-2057-1

www.waxmann.com
info@waxmann.com

Umschlaggestaltung: Christian Averbeck, Münster
Umschlagabbildung: andy-Q © photocase.de
Druck: Hubert & Co., Göttingen
Gedruckt auf alterungsbeständigem Papier,
säurefrei gemäß ISO 9706

Inhalt

Vorwort

Nach dem „PISA-Schock“ wurden bundesweit Maßnahmen zur Verbesserung des Bildungswesens diskutiert. Die bisherige „Input-Orientierung“ auf Lehrpläne, -mittel und -maßnahmen soll durch eine „Output-Orientierung“ auf Bildungsstandards ergänzt oder gar ersetzt werden. Diese Bildungsstandards sollen nun durch nachprüfbare Kompetenzen festgelegt werden. Der Erfolg dieser Umorientierung hängt u.a. entscheidend von der Güte der eingesetzten Konzepte ab, die angeben, wie man die zu vermittelnden Kompetenzen analysieren, vermitteln und überprüfen kann.

Hierbei sind viele Aspekte zu berücksichtigen, wie z.B. bildungspolitische Ziele, die Struktur des Bildungswesens und der Schulformen, die Ausbildung der Lehrer, die Lehrpläne und die Akzeptanz von Reformen durch die Betroffenen. Man kann dabei die Versuche zur Verbesserung des Bildungswesens gleichsam von oben oder von unten betrachten. Von „oben“ betrachtet geht es um Vergleiche zwischen Nationen, Bundesländern oder Schulen (Large-scale-assessment). Ein prominentes Beispiel hierfür sind die PISA-Studien. Von „unten“ betrachtet stellt sich an der Basis die Frage: Was kann bzw. was sollte zur Verbesserung unseres Bildungswesens im täglichen Schulunterricht geschehen und wie kann dort eine verstärkte Output-Orientierung realisiert werden? Diese Frage ist von entscheidender Bedeutung für die Verbesserung unseres Bildungswesens, da an der Basis die Lehr-Lern-Prozesse stattfinden. Weiterhin ist zu beachten, dass die Schulen im Rahmen ihrer Profilbildung einen Teil der Lehrpläne selbst bestimmen sollen. Für diesen Teil kann eine verbesserte Output-Orientierung nur verwirklicht werden, wenn die Lehrkräfte kompetenzorientiert unterrichten und prüfen können. Diese Qualifikation der Lehrerinnen und Lehrer ist von grundlegender Bedeutung und wird daher bei unserem Ansatz besonders beachtet.

Die Qualifikation, kompetenzorientiert unterrichten und prüfen zu können, setzt voraus, dass die Lehrkräfte in der Lage sind, ihre Schüler

- so zu unterrichten, dass diese die Chance haben, während des Unterrichts das zu lernen, was sie nach dem Unterricht können sollen und
- kompetenzorientiert zu prüfen, d.h. eine Lernerfolgskontrolle durchzuführen, die feststellen kann, ob bzw. inwieweit die Schüler die im Unterricht angestrebten Kompetenzen erreicht haben.

Leider steht nach unserer Erfahrung diese eigentlich unverzichtbare Qualifikation selten im Mittelpunkt der Lehreraus- und -fortbildung – weder in der betreffenden Forschung noch in der Praxis. Deshalb haben wir uns seit längerem den Verbesserungsmöglichkeiten dieser Qualifikation gewidmet. Dabei zeigte sich, dass es hier an wissenschaftlich fundierten Ansätzen und deren praktischen Erprobung mangelt. In Diskussionen mit Lehramtsstudenten, Fachdidaktikern und Pädagogen fällt uns immer wieder auf, dass diese nicht zuerst Überlegungen anstellen, welche Kompetenz bzw. welches Lehrziel ein bestimmter Unterricht erreichen soll und dann von diesen Überlegungen ausgehend den Unterricht planen, sondern, dass sie sich darauf konzentrieren, was im Unterricht geschieht. Dabei wird das Augenmerk oft einseitig auf Unterrichtsmethoden, Materialien, Medien oder Episoden gerichtet, die zwar im Zusammenhang mit der angestrebten Kompetenz unterhaltsam oder motivierend erscheinen, die aber nicht selten das Erreichen des Unterrichtsziels behindern oder verzögern können. Das mindert natürlich eine Output-Orientierung des Unterrichts. Wenn z.B. für die Behandlung der jüngsten Geschichte der DDR wenig Unterrichtszeit im Lehrplan vorgesehen ist, dann sollte man diese Zeit nicht vergeuden, indem man ausgiebig über private Marotten eines wichtigen Politikers erzählt – auch wenn dies die Schüler gut unterhält.

Aufgrund unserer Erfahrungen hinsichtlich einer mangelnden Ausbildung der Lehrkräfte, wie man kompetenzorientiert unterrichtet und prüft, sowie vor dem Hintergrund der gegenwärtigen Diskussionen und Maßnahmen zur Verbesserung unseres Bildungswesens haben wir den Ansatz *ComTrans* entwickelt.

ComTrans steht für Kompetenztransfer (engl.: *Com*petence *Trans*fer) und ist ein theoriegeleiteter Ansatz für den kompetenzorientierten Unterricht und zur Kompetenzdiagnostik. Ausgangspunkte hierfür waren unsere bisherigen Arbeiten zum Instruktionsdesign, zur Lehrstoffanalyse, zur lehrzielorientierten Testung sowie die Konzeption des Antrags zum inzwischen genehmigten Schwerpunktprogramm 1293 der DFG „Kompetenzmodelle zur Erfassung individueller Lernergebnisse und zur Bilanzierung von Bildungsprozessen“ (Klieme & Leutner, 2006). Wir analysierten die Zielsetzungen dieses Antrages und die dort verwendeten Begriffe „Kompetenz“ und „theoretisches Kompetenzmodell“. Vor diesem Hintergrund untersuchen wir in diesem Buch die Anforderungen für einen kompetenzorientierten Unterricht, diskutieren den Verwendungszusammenhang von Kompetenzen und schlagen vor, wie eine zielführende Entwicklung und Überprüfung eines theoretischen Kompetenzmodells zu erfolgen hat – beziehungsweise zu erfolgen hätte, denn es erscheint uns fraglich, dass die Entwicklung und empirische Erprobung theoretischer Kompetenzmodelle für alle Unterrichtsgegenstände, in allen Schularten und Jahrgangsstufen in absehbarer Zeit möglich sein wird. Wir plädieren für einen lehrinhalts- und fächerübergreifenden Ansatz zum kompetenzorientierten Unterricht und unterstreichen die Notwendigkeit psychologischer Aufgabenanalysen für die Rekonstruktion wirksamer Kompetenzen, die nicht als träges Wissen verharren. Wir behandeln die Kompetenzdiagnostik im Schulunterricht, die Bedeutung der Aufgabenanalyse und den diesbezüglichen instruktionstheoretischen Hintergrund.

Zwei Anmerkungen zur möglichen Wirksamkeit unseres Ansatzes *ComTrans*. Dieser beansprucht in seinem gegenwärtigen Entwicklungsstadium nicht eine umfassende Didaktik eines output-orientierten Unterrichts zu sein. Wir haben uns bisher lediglich auf die Vermittlung der jeweiligen Fachinhalte konzentriert und behandeln nicht weitere unverzichtbare Aspekte eines erfolgreichen output-orientierten Unterrichts, wie z.B. das Herstellen und Aufrechterhalten einer kooperativen Lernatmosphäre oder das Fördern übergeordneter Lernziele wie Verantwortungsbewusstsein oder Hilfsbereitschaft. Die zweite Anmerkung betrifft die seitens der Lehr-Lern-Forschung oft beklagte Folgenlosigkeit ihrer wissenschaftlichen Anstrengungen. Dazu stießen wir auf einen Artikel, der jüngst nach der Fertigstellung des Textes dieses Buches von Rothkopf[1] veröffentlicht wurde. Er fragt, wie es kommt, dass über 100 Jahre Lehr-Lern-Forschung sowenig zur Verbesserung des Schulunterrichts beigetragen haben, während in vielen anderen Praxisgebieten die Wissenschaft zu einem stetigen und weithin akzeptierten Fortschritt durch Forschung führt. Ein meist unterschätzter Grund dafür sind seiner Ansicht nach die unterschiedlichen Erfolgskriterien in der Lehr-Lern-Forschung einerseits und in der Schule andererseits. Während die Lehr-Lern-Forschung sich auf die Effizienz der Lernprozess bei den Schülern konzentriere, seien die Erfolgskriterien der Schulverwaltung anderer, vor allem administrativer Art. Wir haben auch entsprechende Beobachtungen gemacht. So werden als Qualitätsmerkmale einer Schule oft hervorgehoben, wie viele Lehrkräfte bereit stehen oder wie gering die Anzahl der Sitzenbleiber oder der ausgefallenen Unterrichtsstunden ist, es wird auf den guten Ruf der Schule oder die soziale Zusammensetzung der Schüler verwiesen, während nachprüfbare Lernergebnisse weniger erwähnt werden. So gesehen wird eine Verbesserung des Bildungswesens ohne eine verstärkte Output-Orientierung *aller* Beteiligten nicht möglich sein.

---

1 Rothkopf, E.Z. (2008). Reflections on the Field: Aspirations of Learning Science and the Practical Logic of Instructional Enterprises. *Educational Psychology Review, 20*, 351–368.

Zur Förderung der notwendigen Diskussion, inwieweit man unser Bildungswesen durch eine verstärkte Output-Orientierung verbessern kann, haben wir den Umfang dieses Buches bewusst klein gehalten. Dieses Buch ist deshalb kein Lehrbuch, das alle relevanten einschlägigen Ansätze zitiert und erläutert. Vielmehr ist es ein – allerdings über viele Jahre theoretischer und praktischer Arbeit gewachsener – Werkstattbericht, der die Diskussion anregen will und der auch erprobte, praktische Empfehlungen gibt. Deshalb haben wir auf eine Zusammenfassung unserer Ausführungen ebenso verzichtet wie auf ein Autoren- und Stichwortverzeichnis. Wer sich nur über ein bestimmtes Thema einen Einblick verschaffen will, der orientiere sich an dem ausführlich gehaltenen Inhaltsverzeichnis. In den entsprechenden Texten finden sich dann Querverweise zu ähnlichen Themen.

Wir hoffen, mit diesem Buch einen Beitrag zur Verbesserung unseres Bildungswesens zu leisten und werden weiter an der Fortentwicklung unseres Ansatzes arbeiten. Für kritische und weiterführende Hinweise sind wir sehr dankbar.

Dresden, im August 2008
Franz Schott und Shahram Azizi Ghanbari

1 Einleitung

Nach dem „PISA-Schock“, d.h. nach dem mäßigen Abschneiden deutscher Schüler in internationalen Vergleichsstudien, wurde eine Reihe von politischen und wissenschaftlichen Initiativen in Gang gesetzt. So trieb die Kultusministerkonferenz (KMK; Zusammenschluss der Länderbeauftragten – in der Regel Kultusminister – für Erziehung, Bildung und Kultur), die Entwicklung voran, überprüfbare, nationale Bildungsstandards für einzelne Fächer und Klassenstufen zu schaffen und gründete zur wissenschaftlichen Unterstützung das Institut zur Qualitätssicherung im Bildungswesen (IQB) in Berlin. Überprüfbare Bildungsstandards für das Bildungswesen zu schaffen ist eine wissenschaftliche Herausforderung mit hoher gesellschaftlicher Relevanz und großem Forschungsbedarf. Solchen Herausforderungen begegnet die Deutsche Forschungsgemeinschaft (DFG) auf Initiative von einzelnen Wissenschaftlern mit der Einrichtung von Schwerpunktprogrammen. So wurde 2006 das Schwerpunktprogramm 1293 (im Folgenden kurz DFG SPP Kompetenzdiagnostik) „Kompetenzmodelle zur Erfassung individueller Lernergebnisse und zur Bilanzierung von Bildungsprozessen“ eingerichtet.[2] Die Weite des Problemraums wurde zunächst im Antrag zum DFG SPP Kompetenzdiagnostik bei der DFG (Klieme & Leutner, 2006) durch die Beschreibung eines wissenschaftlichen Programms und des einschlägigen Stands der Forschung eingegrenzt. Der angesprochene Antrag von Eckhard Klieme und Detlev Leutner und deren Mitstreitern ist sehr verdienstvoll, weil er mit seinem Forschungsprogramm versucht, der hier notwendigen Forschung begründet eine Richtung zu geben.

Im Rahmen der Forderung nach einer verstärkten Output-Orientierung des Bildungswesens und nach überprüfbaren Bildungsstandards hat der Kompetenzbegriff zentrale Bedeutung erlangt. Dieser wird in den für Bildung zuständigen Wissenschaften (Empirische Bildungsforschung, Pädagogik, Psychologie, Fachdidaktiken, Soziologie) nicht einheitlich verwendet. Einen aktuellen Überblick dazu geben Klieme & Hartig (2008) und zeigen auf, dass in den letzten Jahren die Zahl der einschlägigen Veröffentlichungen rasant gestiegen ist. (2007 weltweit etwa 10 Veröffentlichungen pro Tag).

Am Schluss dieses Überblicks geben Klieme & Hartig, nachdem sie auf die Probleme der Messung von Kompetenzen eingegangen sind, einen Ausblick zur

---

2 Die Abkürzung SPP wird, wie andere hier verwendete Abkürzungen auch, gleichermaßen im Singular und im Plural und in allen Flexionen verwendet.

Kompetenzforschung im Bildungswesen, den sie mit folgender Feststellung beenden (S. 26):

> „Eine größere Herausforderung als die rein technische Entwicklung statistischer Modelle stellt zweifellos die Formulierung fundierter theoretischer Kompetenzmodelle und deren Umsetzung in empirisch prüfbare Modelle und Messverfahren dar. […] Modellierung und Messung von Kompetenzen sind sicherlich nicht die einzigen Aufgaben […]. Aber ohne Fortschritte in diesem Bereich sind differenziertere Ergebnisse etwa in der Erforschung von Schul- und Unterrichtseffekten nicht zu erwarten."

Dieser Herausforderung der Konstruktion und Überprüfung von Kompetenzmodellen wollen wir uns mit unserem Ansatz *ComTrans* stellen. Dazu diskutieren wir zunächst die Verwendung des Kompetenzbegriffs im DFG SPP Kompetenzdiagnostik, da diese die aktuelle Sicht in der empirischen Bildungsforschung sehr gut widerspiegelt.

Während bei der Konzeption des DFG SPP Kompetenzdiagnostik deren Autoren den Problemraum nicht zu eng eingrenzen konnten, um eine für den wissenschaftlichen Fortschritt hinreichende Variation möglicher Forschungsprojekte zu gewährleisten, konnten wir uns hingegen auf die Konstruktion eines konzeptionell klar strukturierten Ansatzes konzentrieren. Wir versuchen deshalb einen theoriegeleiteten Ansatz zu entwickeln, dessen Schwerpunkt bei der Realisation eines kompetenzorientierten Unterrichts und der dazugehörigen Kompetenzdiagnostik liegt und nicht bei Vergleichen der Bildungsqualität zwischen Nationen, Bundesländern oder Schulen (large-scale-assessment). Besondere Aufmerksamkeit widmeten wir den Problemen zur Rekonstruktion von Kompetenzmodellen, da diese im Rahmen eines output-orientierten Unterrichts die Rolle übernehmen, die bisher die Formulierung der Lehrziele leisten sollte. Sowohl Lehrziele als auch Kompetenzmodelle beschreiben eine Fähigkeit, die sich Schüler im Unterricht aneignen sollen. Diese Fähigkeiten werden bei den Kompetenzmodellen im Gegensatz zu den bisherigen Lehrzielbeschreibungen genauer analysiert und – soweit möglich – empirisch geprüft. Theoriegeleitet ist unser Ansatz, indem er die Voraussetzungen zur Entwicklung von Kompetenzen und Kompetenzmodellen systematisch analysiert und dazu begründet geeignet erscheinende Theorien und Konzepte heranzieht. Wir nennen unseren Ansatz *ComTrans* (engl. *Com*petence *Trans*fer).

Wir versuchen dabei Kompetenzmodelle so zu konstruieren, dass sie für die Vermittlung von Kompetenzen samt der wichtigen Erfassung individueller Lernergebnisse tauglich sind und dabei Verfahren zu verwenden, die vorhandene Probleme besser lösen können als bisherige.

Bei unseren Überlegungen beschränken wir uns auf den Fachunterricht, d.h. auf einen Unterricht, der Kompetenzen in Bezug auf bestimmte Wissenschaften, Weltanschauungen, Techniken oder Berufe vermittelt (z.B. Physikunterricht, Ethikunterricht, Unterricht in der Berufsausbildung, Fort- und Weiterbildung). Wir arbeiten fortlaufend an *ComTrans*, da vieles dabei noch weiter verbesserungsbedürftig ist. Insofern ist dieses Buch ein Zwischenbericht, der als Denkanstoß und Diskussionsgrundlage verstanden werden soll. Über konstruktive Hinweise und Kritik sind wir deshalb sehr dankbar und wiederholen dies hier noch einmal.

2 Überprüfbare Bildungsstandards und Kompetenzdiagnostik als wissenschaftliche Herausforderung

In diesem Kapitel skizzieren wir kurz den Stand der Diskussion zu überprüfbaren Bildungsstandards. Danach stellen wir ausschnittsweise die Kernpunkte des DFG SPP Kompetenzdiagnostik dar, da diese den aktuellen Forschungsstand wohlstrukturiert wiedergeben. Anschließend diskutieren wir, wie die dort angesprochenen Begriffe „Kompetenz" und „theoretisches Kompetenzmodell" verwendet werden. Auf das DFG SPP Kompetenzdiagnostik beziehen wir uns weitgehend, weil es aus unserer Sicht eine der derzeit umfassendsten und beststrukturierten Darstellungen des aktuellen Forschungsstands zur Kompetenzdiagnostik im Bildungswesen im Rahmen der empirischen Bildungsforschung ist. Als Fazit formulieren wir kurz Forderungen zur Entwicklung von Konzepten zur Kompetenzdiagnostik und zum dazugehörigen kompetenzorientierten Unterricht, die aus unserer Sicht bei der Konstruktion von Kompetenzen im Bildungswesen und den entsprechenden theoretischen Kompetenzmodellen zu berücksichtigen sind. Dies wird dann der Ausgangspunkt sein, um unseren eigenen Ansatz für den kompetenzorientierten Unterricht und die kompetenzorientierte Überprüfung zur Diskussion zu stellen. Diesen Ansatz nennen wir *ComTrans*.

2.1 Zum Stand der Diskussionen zu überprüfbaren Bildungsstandards

Die Diskussionen zu überprüfbaren Bildungsstandards sind gegenwärtig sehr aktuell und vielfältig. In Gesprächen mit Fachdidaktikern, Pädagogen, Psychologen, Lehrern und Schülern und bei der Durchsicht einschlägiger Literatur sind uns folgende Punkte aufgefallen:

- Wenngleich eine verstärkte Output-Orientierung des Bildungswesens von vielen als anstrebenswert angesehen wird, besteht eine breite Meinungsvielfalt über mögliche bzw. wünschenswerte Realisationen.
- In der Wissenschaft wird die Forderung nach einer verstärkten Output-Orientierung des Bildungswesens außerhalb der empirischen Bildungsforschung teilweise kritisch bis ablehnend diskutiert. Dabei werden z.B. Argumente geäußert, es bestehe die Gefahr, dass nur noch das gelehrt wird, was auch geprüft wird (teaching to the test) oder es werden ähnliche vorgebracht wie bei der Forderung nach einer genauen Lehrzielbestimmung.

- Was unter „Kompetenz“ im Rahmen der Output-Orientierung zu verstehen ist oder sein sollte, ist umstritten.

- Die Kompetenzdiagnostik im Bildungswesen stellt eine Herausforderung an die Testtheorie und die Theorie über Fähigkeiten dar. Zum Beispiel sollte eine empirische Aufgabenselektion im Rahmen eines bestimmten Testmodells die sachlichen Argumente für die Beibehaltung einer Aufgabe als Teil einer Kompetenz nicht „überstimmen“.

- Manche Fachdidaktiker und Lehrer empfinden Bildungsstandards als unangemessen „von oben“ verordnet.

- Die bildungspolitische Zielsetzung, dass die einzelnen Schulen im Rahmen ihrer Profilbildung einen Teil des Lehrplans selbst bestimmen sollen, wirft die Frage auf, wie diese schulspezifischen Lehrplanteile outputorientiert unterrichtet und geprüft werden und ob die Lehrkräfte dazu hinreichend ausgebildet sind. Darüber hinaus besteht Skepsis in der Lehrerschaft, woher sie die Zeit nehmen soll, die schulspezifischen Lehrplanteile zu entwickeln.

- Bei der Ausbildung der Lehrer wird nach unseren Erfahrungen die geforderte Output-Orientierung wenig beachtet. Lehramtsstudenten lernen nur in Ausnahmefällen, wie sie gewährleisten können, dass ihre zukünftigen Schüler die Chance haben, während des Unterrichts das zu lernen, was sie hinterher können sollen. Diese Thematik ist zurzeit in der Pädagogik und in den Fachdidaktiken oft randständig.

Die aufgeführten, hier nur skizzierten Punkte zeigen, dass die Gefahr besteht, dass gerechtfertigte Forderungen nach verstärkter Output-Orientierung im Bildungswesen durch bestehende Sichtweisen und Probleme in Theorie und Praxis nachhaltig gefährdet sind. Umso wichtiger ist es für die Wissenschaft, ihre gegenwärtigen einschlägigen Möglichkeiten und Grenzen und den künftigen Forschungsbedarf zu verdeutlichen. Am deutlichsten ist dies bei der Formulierung des DFG SPP Kompetenzdiagnostik geschehen, den wir aus diesem Grund im Folgenden näher betrachten.

2.2 Zum Forschungsstand der Kompetenzdiagnostik von Bildungsstandards

Das DFG SPP Kompetenzdiagnostik strebt Folgendes an (Klieme & Leutner, 2006, Kapitel „Anlass und Ziel des DFG SPP Kompetenzdiagnostik“, S. 3f.):

> „Ziel ist es, Kompetenzstruktur- und Kompetenzentwicklungsmodelle zu erarbeiten und empirisch zu prüfen, anhand derer sich valide und faire Messinstrumente auf zwei Ebenen konstruieren lassen: zum einen auf der Ebene der Förderung individueller Lernprozesse (im Sinne einer individuellen ‚Kompetenzdiagnostik‘), zum anderen auf der Ebene von Untersuchungen zum Monitoring von Bildungsinstitutionen und Bildungssystemen (‚Assessment‘). Abgerundet wird das Programm durch Forschung zur Nutzung von kompetenzbezogenen Messinstrumenten in unterschiedlichen pädagogischen Entscheidungskontexten.“

Die zentralen Fragestellungen des angestrebten DFG SPP Kompetenzdiagnostik gliedern sich in vier aufeinander aufbauende Bereiche (Abbildung 1, aus Klieme & Leutner, 2006, S. 6):

> „Im Kern steht die Entwicklung theoretischer Kompetenzmodelle (Bereich 1), die durch psychometrische Messmodelle ergänzt werden (Bereich 2), die wiederum in die Konstruktion von Verfahren zur empirischen Erfassung von Kompetenzen münden (Bereich 3). Fragen zur Nutzung von diagnostischen Informationen (Bereich 4) runden das wissenschaftliche Programm ab.“

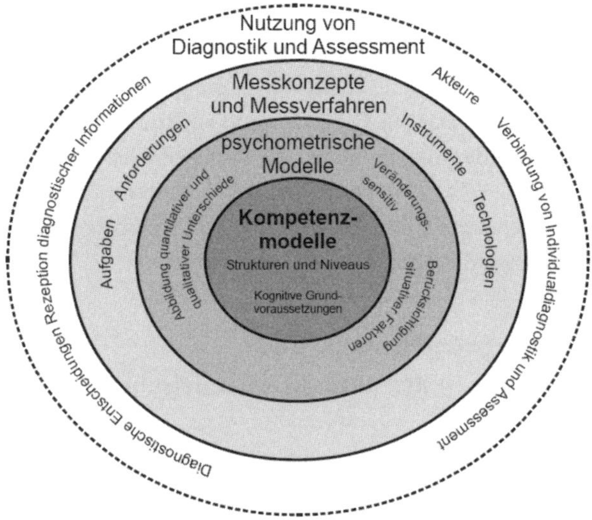

Abbildung 1: Arbeitsbereiche des DFG SPP Kompetenzdiagnostik

Entsprechend der vier Bereiche hat das DFG SPP Kompetenzdiagnostik vier Leitfragen:

Leitfrage 1: Wie lassen sich Kompetenzen, unter Berücksichtigung ihres Bezugs auf Anforderungen in spezifischen Situationen, angemessen modellieren? (Frage nach theoretischem Modell)

Leitfrage 2: Wie lassen sich theoretische Kompetenzmodelle in psychometrischen Modellen abbilden, um die Kompetenzkonstrukte einer differenziellen Erfassung zugänglich zu machen? (Frage nach Messmodell)

Leitfrage 3: Wie lassen sich Kompetenzmodelle und darauf basierende psychometrische Modelle in konkrete empirische Messverfahren übertragen? (Frage nach konkreten Messinventaren)

Leitfrage 4: Welche Arten von Informationen aus Kompetenzmessungen können von Akteuren im Bildungswesen auf welche Weise genutzt werden? (Frage nach Interpretation der Messdaten)

Entsprechend der vier Leitfragen ist das Ziel des DFG SPP Kompetenzdiagnostik, neue wissenschaftliche Herangehensweisen zu entwickeln, theoretische

Kompetenzmodelle zu konstruieren, diese in psychometrischen Messmodellen abzubilden und dann in konkrete empirische Messverfahren zu übertragen. Die so gewonnenen Informationen sollen für Akteure im Bildungswesen zur Erfassung individueller Lernergebnisse und zur Bilanzierung von Bildungsprozessen nützlich sein. Im Folgenden werden wir einige uns wichtig erscheinende Aspekte der Beschreibung des DFG SPP Kompetenzdiagnostik Klieme & Leutner (2006), die den Begriff „Kompetenz“, die Modellierung von Kompetenzmodellen und die Kompetenzdiagnostik betreffen, kritisch diskutieren.

2.3 Kompetenzen, Kompetenzmodelle und Kompetenzdiagnostik in der aktuellen empirischen Bildungsforschung

Das Wort „Kompetenz“ wird zurzeit viel gebraucht (Klieme & Hartig, 2008). Es ist z.B. von Kompetenzzentren, der Kompetenz von Politikern und Parteien sowie Kompetenzdiagnostik die Rede. Im Lexikon findet man unter „Kompetenz“ als Begriffsbestimmung entweder „Zuständigkeit“ (etwa im Staatsrecht) oder „die Fähigkeit einer Person, Anforderungen in einem bestimmten Bereich zu genügen“. Im Folgenden gehen wir nur auf die Verwendung des Begriffsnamens „Kompetenz“ im Rahmen von Lehr-Lern-Prozessen und der empirischen Bildungsforschung ein und konzentrieren uns dabei auf den DFG SPP Kompetenzdiagnostik.

Wie im vorausgehenden Abschnitt schon ausgeführt, steht im Kernbereich der Arbeitsbereiche des DFG SPP Kompetenzdiagnostik die Entwicklung theoretischer Kompetenzmodelle. Was sind theoretische Kompetenzmodelle im Sinne des DFG SPP Kompetenzdiagnostik? Die Antragsteller (Klieme & Leutner, 2006, S. 6ff.) verbinden die Definition des Begriffs „theoretische Kompetenzmodelle“ mit der Fragestellung: *„Wie lassen sich Kompetenzen, unter Berücksichtigung ihres Bezugs auf Anforderungen in spezifischen Situationen, angemessen kognitiv modellieren?“* Sie führen dazu u.a. Folgendes aus (Hervorhebungen durch uns):

> „Bei der Formulierung von theoretischen Modellen zur Beschreibung und Erklärung von Kompetenzen geht es zum einen um die Definition von *Strukturen*, zum anderen um die Charakterisierung von *Niveaus*. *Kompetenzstrukturmodelle* befassen sich mit der Frage, welche und wie viele verschiedene Kompetenzdimensionen in einem spezifischen Bereich differenzierbar sind. Bei der Beschreibung von *Kompetenzniveaus* geht es darum,

welche konkreten situativen Anforderungen Personen bei welcher Ausprägung einer Kompetenz bewältigen können. Eine große Herausforderung bei der Formulierung von Kompetenzmodellen besteht darin, dem kontextualisierten Charakter von Kompetenzen gerecht zu werden und sowohl personen- als auch situationsspezifische Komponenten zu berücksichtigen. [...] Auf Seiten der Person müssen zugleich Wissensstrukturen berücksichtigt werden, die in beiden Situationen zum Tragen kommen – etwa das verfügbare Vokabular oder das spezifische Wissen im Bereich grammatischer oder sozio-pragmatischer Regelungen [...]. Diese simultane Berücksichtigung personen- und situationsspezifischer Anteile hat sowohl für die Struktur von Kompetenzen als auch für die Beschreibung von Niveaus Konsequenzen.

Die Entwicklung theoretisch begründeter und empirisch geprüfter Kompetenzmodelle als Ausgangspunkt für die Entwicklung von psychometrischen Modellen und schließlich von Messverfahren ist z.Zt. immer noch die grundlegende inhaltlich-fachliche Herausforderung der Kompetenzmessung. Es ist erstaunlich, dass dieses Problem bisher noch nicht zufrieden stellend gelöst ist [...].

Auch wenn einzelne Schulfächer diesbezüglich auf einem guten Weg sind [...], wird bei der Entwicklung konkreter Aufgabenstellungen zur Diagnostik spezifischer fachbezogener Kompetenzen häufig deutlich, dass der Abstraktionsgrad der bisher entwickelten Kompetenzmodelle zu hoch ist. Insofern bleibt den Testentwicklern in aller Regel keine andere Wahl, als sehr große Mengen von Aufgaben zu entwickeln, diese Aufgaben empirisch zu erproben und dann im Nachhinein diejenigen Aufgaben beizubehalten, die dem jeweils verwendeten Testmodell entsprechen. Auf diese Weise sind z.B. die bei PISA international berichteten Kompetenzstufenmodelle entstanden. Die Kompetenzstufen sind allerdings nicht a priori theoretisch begründet, sondern nach Sichtung der testmodell-konform übrig gebliebenen Aufgaben post-hoc definiert worden, was aus theoretischer Perspektive wenig befriedigend ist.

Vor diesem Hintergrund ist in denjenigen Domänen, in denen Kompetenzen diagnostiziert werden sollen, Grundlagenforschung zu theoretisch begründeten und empirisch geprüften Kompetenzstruktur- und Kompetenzentwicklungsmodellen erforderlich. Dies ist primär eine Aufgabe für kognitiv orientierte Fachdidaktiker, Erziehungswissenschaftler und Psychologen.

Eine theoriegeleitete Modellierung hat den Vorteil, dass die Verbindung zwischen curricularen Anforderungen, fachspezifischen Zusammenhängen, kognitionspsychologischen Modellen und konkreten Aufgabensammlungen kohärenter gestaltet werden kann.

Ohne Fortschritte bei der theoretischen Darstellung von Kompetenzstrukturen und Kompetenzniveaus werden Diagnostik und Assessment im Bildungsbereich immer wieder auf ein empiristisches Sortieren von Aufgabensammlungen zurückfallen.“

Bei dem zitierten Text sind u.E. folgende Aspekte der Definition von theoretischen Kompetenzmodellen im Sinne des DFG SPP Kompetenzdiagnostik hervorzuheben:

1. **Bei der Formulierung von theoretischen Kompetenzmodellen zur Beschreibung und Erklärung von Kompetenzen geht es zum einen um die Definition von *Strukturen*, zum anderen um die Charakterisierung von *Niveaus*.**
   Unklar bleibt bei dieser Formulierung, worin hier der Unterschied zwischen „Beschreibung“ und „Erklärung“ besteht. Vermutlich bezieht sich „Erklärung“ auf den empirisch überprüfbaren Teil der Formulierung von theoretischen Kompetenzmodellen. In diesem Fall ist zu fragen, was die mehr oder weniger erfolgreiche empirische Überprüfung erklärt.

2. **Definition von *Strukturen* bei Kompetenzen:**
   „*Kompetenzstrukturmodelle* befassen sich mit der Frage, welche und wie viele verschiedene Kompetenzdimensionen in einem spezifischen Bereich differenzierbar sind.“ (dieses und folgende Zitate: s.o.) Diese Definition von Strukturen bei Kompetenzen beschränkt sich auf die Angabe von Kompetenzdimensionen. Bedeutet dies, dass eine Kompetenz ausschließlich aus einer Menge quantifizierbarer Dimensionen bestehen soll? Wenn sich z.B. eine bestimmte Kompetenz darauf bezieht, psychologische Lerntheorien im Schulalltag anwenden zu können, dann ist das Faktenwissen dazu eher ein qualitatives als ein quantitatives Merkmal, insofern, als es vorhanden sein muss. Es ist in dem geforderten Ausmaß vorhanden oder nicht vorhanden und kann in der Regel durch andere Merkmale der Kompetenz nicht ersetzt werden.

3. **Charakterisierung von *Niveaus* bei Kompetenzen:**
„Bei der Beschreibung von *Kompetenzniveaus* geht es darum, welche konkreten situativen Anforderungen Personen bei welcher Ausprägung einer Kompetenz bewältigen können.“ Wir verstehen das so, dass es zweckmäßig sein soll, eine messbare Kompetenz in verschiedene Leistungsbereiche einzuteilen, z.B. in drei Leistungsbereiche: hohe, mittlere und niedrige Kompetenz. Personen mit einer hohen Fremdsprachenkompetenz können beispielsweise simultan übersetzen, Personen mit einer mittleren Fremdsprachenkompetenz können dies nicht, sind aber in der Lage, in der Fremdsprache zu kommunizieren oder entsprechende Texte zu lesen und Personen mit einer niedrigen Fremdsprachenkompetenz müssen oftmals Hilfen in Anspruch nehmen (wie z.B. ein Wörterbuch oder eine Umschreibung des Gemeinten). Umgangssprachlich lässt sich eine solche Dreiteilung der Kompetenzniveaus bei der Fremdsprachenkompetenz leicht durchführen. Ob dies auch wissenschaftlich zweckmäßig ist, hängt von der Definition des Kompetenzbegriffes ab. Genauer: es hängt davon ab, wie unterschiedlich die Klassen der Aufgaben sein dürfen, damit sie noch zu einer Kompetenz gehören können und ob es dafür fachliche oder psychologische Kriterien gibt. Wir werden dies später im Zusammenhang mit dem präskriptiven und dem kontextualisierten Charakter von Kompetenzen diskutieren. Dies führt zum nächsten Punkt.

4. **Kontextualisierter Charakter von Kompetenzen**
Der kontextualisierte Charakter von Kompetenzen besteht im DFG SPP Kompetenzdiagnostik entsprechend des oben zitierten Textes darin, dass gleichzeitig personen- und situationsspezifische Komponenten berücksichtigt werden. Dies wird mit der Beschreibung der Fremdsprachenkompetenz erläutert. Dabei wird darauf verwiesen, dass „die Anforderungen beim Lesen eines Textes und in einem mündlichen Dialog auf der Seite der Situation deutlich differenziert werden (z.B. geschriebener vs. gesprochener Text, reines Textverstehen vs. Textproduktion). Auf der Seite der Person müssen zugleich Wissensstrukturen berücksichtigt werden, die in beiden Situationen zum Tragen kommen – etwa das verfügbare Vokabular oder das spezifische Wissen im Bereich grammatischer oder soziopragmatischer Regelungen [...]. Diese simultane Berücksichtigung personen- und situationsspezifischer Anteile hat sowohl für die Struktur von Kompetenzen als auch für die Beschreibung von Niveaus Konsequenzen.“

Die hier aufgeführten Beispiele für situationsspezifische Komponenten (geschriebener vs. gesprochener Text, reines Textverstehen vs. Textproduktion) sind aber zunächst nichts anderes als sachanalytisch gut unterscheidbare *Teilkompetenzen* der angesprochenen Fremdsprachenkompetenz. Jemand, der in einer bestimmten Sprache sprechen kann, kann nicht automatisch auch in dieser Sprache schreiben, wenn es die Situation verlangt.
Ähnlich problematisch erscheint zunächst die im DFG SPP Kompetenzdiagnostik angeführte personenspezifische Komponente für den kontextualisierten Charakter von Kompetenzen. Das im Beispiel genannte, verfügbare individuelle Vokabular oder das personenspezifische Wissen im Bereich grammatikalischer und sozio-pragmatischer Regelungen sind ebenfalls *Teilkompetenzen* einer Fremdsprachenkompetenz. Alle diese genannten Teilkompetenzen hat eine Person (oder hat eine Person nicht), unabhängig davon in welcher Situation sie sich befindet, beziehungsweise in welchem Kontext sie sich bewegt. Die hier angesprochene Problematik lässt sich klären, wenn man zwischen durch den Unterricht angestrebten Kompetenzen, die wir präskriptive Kompetenzen nennen, und bei Personen vorzufindenden Kompetenzen, die wir persönliche Kompetenzen nennen, unterscheidet. Wir gehen davon aus, dass die Autoren des DFG SPP Kompetenzdiagnostik dies implizit auch so gemeint haben.
Der kontextualisierte Charakter von Kompetenzen wurde im DFG SPP Kompetenzdiagnostik durch eine festsetzende Definition (s. Abschnitt 3.1.1) bestimmt. Eine solche Definition kann nicht wahr oder falsch sein, sondern nur mehr oder weniger zweckmäßig. Wir gehen davon aus, dass die Antragsteller bei ihrer Definition des kontextualisierten Charakters von Kompetenzen die Variationsbreite einer Fähigkeit bezüglich Personeneigenschaften und Situationen im Sinn hatten. Dies ist jedoch aus unserer Sicht nicht hinreichend für eine geeignete Definition von Fachkompetenzen und deren kontextualisierten Charakter, wenn es darum geht theoretische Kompetenzmodelle zu entwickeln. Wir werden deshalb im Folgenden eine elaborierte Definition von Kompetenz und vom kontextualisierten Charakter einer Kompetenz vornehmen. Unter Anderem ist die Plastizität individueller Kompetenzen ein wichtiger Aspekt: Je nach individuellen Umfeld wird im Laufe der Zeit eine individuelle Kompetenz weiter geübt und gefestigt oder aber nicht geübt und folglich schwächer. Dieser Gesichtspunkt ist insbesondere bei Kompetenzen von Bedeutung, von denen man sich eine Nachhaltigkeit ihrer Wirksamkeit wünscht.

5. **Entwicklung theoretisch begründeter und empirisch geprüfter Kompetenzmodelle als Ausgangspunkt für die Entwicklung von psychometrischen Modellen und schließlich von Messverfahren**
Hier ist zu untersuchen:

   a. was ein Kompetenzmodell unter der Voraussetzung einer genaueren Definition der Kompetenz zweckmäßiger Weise sein kann;

   b. ob oder inwieweit eine sachorientierte Überprüfung der Kontentvalidität des Kompetenzmodells einer empirischen Überprüfung seiner Gültigkeit vorgeordnet ist;

   c. ob oder inwieweit die Entwicklung theoretischer Kompetenzmodelle den Randbedingungen von psychometrischen Modellen untergeordnet werden kann.

6. **Forderung nach a priori theoretisch begründeten Kompetenzstufen**
Die Kompetenzstufen bei PISA „sind allerdings nicht a priori theoretisch begründet, sondern nach Sichtung der testmodell-konform übrig gebliebenen Aufgaben post-hoc definiert worden, was aus theoretischer Perspektive wenig befriedigend ist. [...] Ohne Fortschritte bei der theoretischen Darstellung von Kompetenzstrukturen und Kompetenzniveaus werden Diagnostik und Assessment im Bildungsbereich immer wieder auf ein empiristisches Sortieren von Aufgabensammlungen zurückfallen."
Hier ist zu untersuchen, wie eine a priori theoretisch begründete Formulierung von Kompetenzen beziehungsweise Kompetenzstufen zu erfolgen hat, damit eine theoretisch begründete Entwicklung eines Kompetenzmodells möglich ist, die über eine testmodell-konforme Aufgabenselektion hinausgeht.
Es scheint kein Zufall zu sein, dass die im Antrag zum DFG SPP Kompetenzdiagnostik erwähnten Kompetenzen, z.B. Lesekompetenz, Fremdsprachenkompetenz, Problemlösekompetenz, relativ gut geeignet für vorliegende Messmodelle sind. Wenn etwa bei der Lesekompetenz bei einer bestimmten Aufgabenart ein Text die testmodell-konforme Aufgabenselektion nicht übersteht, kann man einen anderen Text wählen, weil die Lesekompetenz relativ unabhängig vom Inhalt eines bestimmten Textes ist. Würden hingegen bei einem Kompetenzmodell zur Mechanik im Physikunterricht sachlich wichtige Aufgaben zur schiefen Ebene durch die empirische Itemselektion herausfallen, wäre dies nicht ohne weiteres hinnehm-

bar. Verallgemeinert könnte dies besagen, dass ein wissenschaftlicher Fortschritt für das DFG SPP Kompetenzdiagnostik nur von solchen Kompetenzmodellen zu erwarten ist, deren Kompetenzen sich nicht oder nicht gut von vorhandenen Messmodellen erfassen lassen. Das bedeutet, dass ein Eigenschaftsprofil die entsprechenden Eigenschaften der Kompetenz des betreffenden Kompetenzmodells vor der Testkonstruktion ausweisen sollte. Wir werden darauf zurückkommen und ein Konzept des Eigenschaftsprofils für Kompetenzmodelle entwickeln.

7. **„Eine theoriegeleitete Modellierung hat den Vorteil, dass die Verbindung zwischen curricularen Anforderungen, fachspezifischen Zusammenhängen, kognitionspsychologischen Modellen und konkreten Aufgabensammlungen kohärenter gestaltet werden kann."**
   Wie kann die angesprochene Verbindung zwischen curricularen Anforderungen, fachspezifischen Zusammenhängen, kognitionspsychologischen Modellen und konkreten Aufgabensammlungen kohärent gestaltet werden? Welche Kriterien gibt es für die Qualität dieser Kohärenz?

Auf die weiteren Fragestellungen des DFG SPP Kompetenzdiagnostik zu psychometrischen Modellen, Messkonzepten und Messverfahren, sowie zur Nutzung von Diagnostik und Assessment kann hier nicht im Einzelnen eingegangen werden. Wir werden versuchen, diese Aspekte bei der Weiterentwicklung von *ComTrans* zu behandeln. Aufbauend auf den Stand der Forschung, wie er ausführlich im DFG SPP Kompetenzdiagnostik geschildert und belegt wird, soll hier u.A. die Frage untersucht werden, ob sich der durch das DFG SPP Kompetenzdiagnostik aufgespannte große Problemraum weiter einschränken lässt. Wir konzentrieren uns dabei auf die Entwicklung theoretischer Kompetenzmodelle im Fachunterricht. Ein Ansatz zur Beantwortung dieser Frage ist die Überlegung, welche Anforderungen die Kompetenzmodelle erfüllen sollen, die als Kernbereich des DFG SPP Kompetenzdiagnostik (vgl. Abb. 1) hervorgehoben werden, wenn das DFG SPP Kompetenzdiagnostik nach dem Ende seiner Förderung einen wissenschaftlichen Fortschritt erlangen will. Hier könnte man einwenden, dass dafür das Ende des DFG SPP Kompetenzdiagnostik abgewartet werden sollte. Wir meinen aber, dass es eine Reihe wichtiger Gesichtspunkte gibt, die nicht im DFG SPP Kompetenzdiagnostik aufgeführt sind (vielleicht aus guten Gründen, um den Spielraum für die Forschung weit zu halten), die man jedoch bereits jetzt für eine erfolgreiche Konzeption von Kompetenzmodellen und Kompetenzdiagnostik anführen kann und dass einige davon sich nicht empirisch, sondern nur argumentativ überprüfen lassen. Wir werden diese Aspekte zur Diskussion stellen.

2.4 Forderungen zur Entwicklung von Konzepten zur Kompetenzdiagnostik und dem dazugehörigen kompetenzorientierten Unterricht

Der angesprochene große Problemraum des DFG SPP Kompetenzdiagnostik kann eingeschränkt werden durch die Beachtung zusätzlicher, relevanter Aspekte, die zur Erreichung des Zieles dieses Schwerpunktprogramms hilfreich sind. Bezüglich der Entwicklung theoretischer Kompetenzmodelle werden im Rahmen unseres Ansatzes *ComTrans* die folgenden fünf, aus unserer Sicht unverzichtbaren Forderungen berücksichtigt und ausgearbeitet:

1. Zweckmäßige Bestimmung der Kompetenzen, die im Bildungswesen vermittelt werden sollen;

2. Beachtung des Verwendungszusammenhangs von Kompetenzen;

3. Zielführende Entwicklung und Überprüfung eines theoretischen Kompetenzmodells;

4. Ermöglichung einer nützlichen Erfassung individueller Lernergebnisse und der Bilanzierung von Bildungsprozessen (dieser Punkt wird hier nur kurz behandelt);

5. Die Notwendigkeit psychologischer Aufgabenanalysen für die Rekonstruktion wirksamer Kompetenzen, die nicht als „träges Wissen“ verharren, aufgezeigt am Beispiel der Kompetenzen der Bildung für nachhaltige Entwicklung;

Diese fünf Forderungen werden im Folgenden begründet und Wege zu ihrer Erfüllung werden aufgezeigt.

3 *ComTrans* – ein theoriegeleiteter Ansatz zur Komptenzdiagnostik und zum kompetenzorientierten Unterricht

Nach einer kritischen Begriffsanalyse, wie „Kompetenz“ und „theoretisches Kompetenzmodell“ verwendet werden, prüfen wir nun entsprechend der im Abschnitt 2.4 aufgestellten Forderungen und Thesen, welche Aspekte für die Entwicklung von theoretischen Kompetenzmodellen aus der Sicht unseres Ansatzes *ComTrans* zu berücksichtigen sind und wie diese realisiert werden können.

3.1 Zweckmäßige Bestimmung der Kompetenzen, die im Bildungswesen vermittelt werden sollen

Mit „zweckmäßig“ ist hier gemeint, dass die zu bestimmenden Kompetenzen für das Bildungswesen möglichst wünschenswert sowie hinreichend gut beschreibbar, vermittelbar und überprüfbar sind.

3.1.1 Eine zweckmäßige Begriffsbestimmung von „Kompetenz“ kann nur durch eine festsetzende Definition erfolgen

Unter „Definition“ wird „im weitesten Sinne jede Art der Feststellung oder Festsetzung einer Zeichenverwendung“ (nach: Mittelstraß, 2004, Stichwort „Definition“) verstanden. In der Regel besteht eine Definition aus einem Begriffsnamen (Definiendum), in unserem Fall aus „Kompetenz“, und der Beschreibung, was mit diesem Begriffsnamen gemeint sein soll (Definiens). Bei Definitionen unterscheidet man *feststellende* und *festsetzende* Definitionen. „Feststellende Definitionen sind Aussagen über den faktischen Sprachgebrauch und können wahr oder falsch sein, sie finden sich in Lexika und heißen auch lexikalische Definitionen. Festsetzende Definitionen sind keine Aussagen, können deshalb auch nicht wahr oder falsch sein“ (a.a.O.). Beispiele für festsetzende Definitionen sind „Willensbekundung[en] (etwa in einem Vortrag ein bestimmtes Wort in einem bestimmten Sinne zu verwenden), Wortverwendungsnormen in Verträgen, solche Definitionen können als Sprechakte bewertet werden, als ‚unbegründet‘, ‚unzweckmäßig‘, ‚unmoralisch‘, ‚manipulativ‘“ (a.a.O.). In der Wissenschaft wünscht man sich, dass festsetzende Definitionen zweckmäßig sind. Statt von „festsetzenden Definitionen“ spricht man in der Philosophie auch von „Nominaldefinitionen“ oder „stipulativen Definitionen“, statt von „feststellenden Definitionen“ auch von „Realdefinitionen“ oder „deskriptiven Definitionen“ (vgl. z.B. die Stanford Encyclopedia of Philosophy).

Nehmen wir als Beispiel die Bedeutungen des Wortes „Kraft". Bei dem Versuch einer feststellenden Definition werden wir nach gegenwärtigen Verwendungen von „Kraft" suchen und finden etwa: „Kraft Amtes" erlässt der Ministerpräsident eine Verfügung, „Licht und Luft gibt Saft und Kraft", „Kraft durch Freude", „Er kann vor lauter Kraft nicht mehr laufen", „In der Ruhe liegt die Kraft", „Wenn der Motor genug Kraft hätte, brauchte ich bei dieser Steigung nicht zurückzuschalten". Würde die Physik gut beraten sein, die Verwendungsweisen des Wortes „Kraft" zu analysieren und daraus die Bedeutung für die Physik mittels feinfühliger Bedeutungsanalyse zu destillieren? Und wenn gar im Deutschen das Wort „Kraft" anders gebraucht wird als in einer anderen Sprache, soll es dann eine „Deutsche Physik" geben? Nehmen wir also lieber davon Abstand und sehen uns die tatsächliche Definition von „Kraft" in der Physik an:

Physik: Formelzeichen F, SI-Einheit ist das Newton (N); Grundbegriff der Newton'schen Mechanik und (von dieser ausgehend) der klassischen Physik; eine vektorielle physikalische Größe, die bei der Wechselwirkung physikalischer Systeme auftritt und bei frei beweglichen Körpern Ursache von Beschleunigungen, bei gebundenen Körpern Ursache von Deformationen ist (aus: Bibliographisches Institut & F.A. Brockhaus AG, 2004).

Obwohl durchaus eine Ähnlichkeit dieser Definition von „Kraft" in der Physik mit dem alltäglichen Sprachgebrauch zu finden ist, käme niemand auf die Idee, der Physik eine Definition einzureden, die aus der historischen und zeitgenössischen Analyse der Verwendung des Wortes „Kraft" entsteht. Die Definition von Kraft im Rahmen der Physik – obwohl „Kraft" außerhalb der Physik auch anders gebraucht wird – muss für die physikalische Theorienbildung zweckmäßig sein. Jeder auf der ganzen Welt, der die klassische Physik kennt, versteht das Wort „Kraft" bei folgendem physikalischen Sachverhalt richtig: „Beim Hebelgesetz gilt die Gleichung: Kraft mal Kraftarm ist gleich Last mal Lastarm".

Entsprechend sinnvoll ist es, im Rahmen der Bildungsforschung eine Begriffsbestimmung von „Kompetenz" durch eine festsetzende Definition im Sinne einer einheitlichen Verwendungs- oder Diskussionsgrundlage vorzunehmen. Diesen Weg ist das DFG SPP Kompetenzdiagnostik gegangen und diesen Weg wollen auch wir gehen, wobei wir ausführlich auf die Probleme einer zweckmäßigen Definition von „Kompetenz" eingehen.

Aus unserer Sicht erweist es sich als nützlich, den Kompetenzbegriff an den Wissensbegriff anzubinden (vgl. Schott, 2008). Darauf soll aber hier nicht eingegangen werden. Zum Wissensbegriff hat kürzlich Bernhard Seiler (2008) ein

Buch veröffentlicht, das auch im Zusammenhang mit der empirischen Bildungsforschung und den hier angesprochenen Themen von Interesse ist. Darauf kann hier ebenfalls nur verwiesen werden.

3.1.2 Die festsetzende Definition von „Kompetenzen“ bei *ComTrans* als Diskussionsvorschlag

Es gibt weder ein standardisiertes Verfahren zur Beschreibung von Kompetenzen für Kompetenzmodelle im Bildungswesen noch eine verbindliche Definition von „Kompetenz“. Um den Problemraum der Kompetenzdiagnostik einzugrenzen, ist es zweckmäßig einige konzeptuelle und begriffliche Festlegungen zu treffen. Wir schlagen hier eine festsetzende Definition von „Kompetenz“ vor, die u.E. zweckmäßig für die Bildungsforschung ist. Im Folgenden werden wir daher eine solche Definition für „Kompetenz“ im Bildungswesen im Rahmen von *ComTrans* zur Diskussion stellen. Die Forderung nach Zweckmäßigkeit führt uns zu verschieden Aspekten der Funktionen dieses Begriffes.

3.1.2.1 Die Grundstruktur von Kompetenzen

Bei unserer Definition von „Kompetenz“ greifen wir auf Arbeiten über Lehrstoffanalyse von Klauer (1974) und Schott (1973, 1975) zurück. Danach lässt sich eine Kompetenz wie eine Fähigkeit oder ein Lehrziel beschreiben:

Eine Kompetenz ist eine Fähigkeit. Sie wird beschrieben durch die Angabe:

1. einer bestimmten Menge von Aufgaben, die man ausführen kann, wenn man die betreffende Kompetenz besitzt; diese Aufgabenmenge kann Teilmengen verschiedener Aufgabenarten beinhalten; und

2. von einem Kompetenzgrad oder, bei mehreren Teilmengen von Aufgaben, von mehreren Kompetenzgraden, die festlegen, wie gut man diese Aufgaben ausführen kann, wenn man die betreffende Kompetenz besitzt.

Wir fügen eine dritte Eigenschaft hinzu:

3. Eine Kompetenz beschreibt eine Fähigkeit, die durch eine gewisse Nachhaltigkeit charakterisiert ist, d.h. sie sollte als Eigenschaft einer Person längere Zeiträume überdauern.

Diese drei Punkte werden im Folgenden näher erläutert.

Zu Punkt 1 (Menge von Aufgaben):
Als erstes Bestimmungsmerkmal von Kompetenzen fordern wir die Angabe der Menge von Aufgaben, die eine Person ausführen kann, wenn sie die betreffende Kompetenz besitzt. Nach unserer Erfahrung begegnet man bei dieser Forderung drei verbreiteten Missverständnissen. Wir werden deshalb versuchen, diese durch drei Klarstellungen auszuräumen:

a) Mit „Aufgaben" sind hier nicht nur singuläre Aufgaben, sondern insbesondere auch Aufgabenklassen gemeint.

b) Aufgaben müssen hier nicht rein kognitiv sein, sie können auch sozial-emotionale und psychomotorische Aspekte beinhalten.

c) Bei einer genauen Definition einer Kompetenz ist die Angabe der betreffenden Menge von Aufgaben im Zweifelsfall nicht hintergehbar.

Zu a)
Mit „Aufgaben" sind hier nicht nur singuläre Aufgaben, sondern insbesondere auch Aufgabenklassen gemeint.
Wenn hier definiert wird, dass eine Kompetenz aus einer bestimmten Menge von Aufgaben besteht, die man ausführen kann, wenn man die Kompetenz besitzt, dann ist dabei zunächst ein oft anzutreffendes Missverständnis auszuräumen, das den Aufgabenbegriff betrifft. Bei „Aufgaben" in schulischen Zusammenhängen denken viele an konkrete Prüfungsaufgaben oder Übungsaufgaben (etwa im Sinne: Peter macht seine Hausaufgaben, er rechnet gerade eine bestimmte Aufgabe zum Dreisatz aus). Wenn hier von einer bestimmten Menge von Aufgaben die Rede ist, dann geht es nicht nur um *singuläre Aufgaben*, sondern vor allem um *Klassen von Aufgaben*.

Eine singuläre Aufgabe betrifft einen singulären Sachverhalt. Ein Beispiel für so eine singuläre Aufgabe im Ethikunterricht beschreibt die Kenntnis des Kantschen Imperativs. Die Aufgabenstellung lautet dann: „Wie lautet der Kantsche Imperativ?" und die Aufgabenlösung: „Der Kantsche Imperativ lautet: ‚Handle nur nach derjenigen Maxime, durch die du zugleich wollen kannst, dass sie ein allgemeines Gesetz werde'".[3]

Im Gegensatz zu einer singulären Aufgabe beschreibt eine Aufgabenklasse die Menge derjenigen Aufgaben, welche die klassenstiftenden Merkmale erfüllen.

3 Kritik der praktischen Vernunft, A 50.

Dazu wieder ein Beispiel aus dem Ethikunterricht.[4] Bei dem Entwurf einer Unterrichtseinheit für den Ethikunterricht in der Oberstufe des Gymnasiums zum Themengebiet „Vom guten Handeln" hatte es sich als zweckmäßig erwiesen, vom Konzept des Handlungsverlaufs auszugehen. Mit Handlungsverlauf ist hier die Folge von Motiv, Handlung und Ergebnis gemeint (vgl. Abbildung 2).

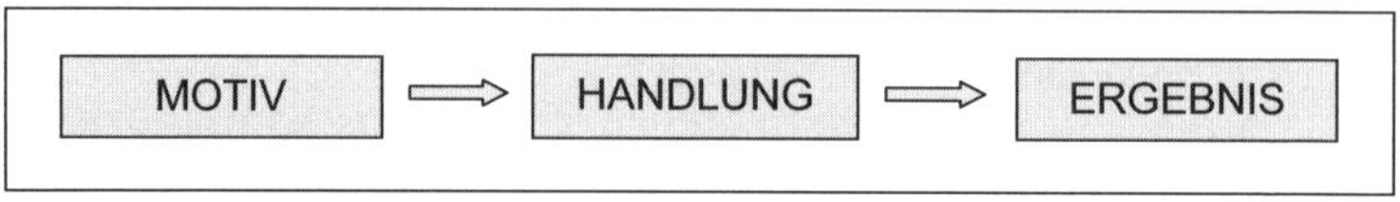

Abbildung 2: Ein einfacher Handlungsverlauf, bestehend aus der Abfolge Motiv, Handlung, Ergebnis

Ein Handlungsverlauf kann auch komplexer sein, indem er aus mehreren Motiven und/oder mehreren Handlungen und/oder mehreren Ergebnissen besteht (vgl. Abbildung 3).

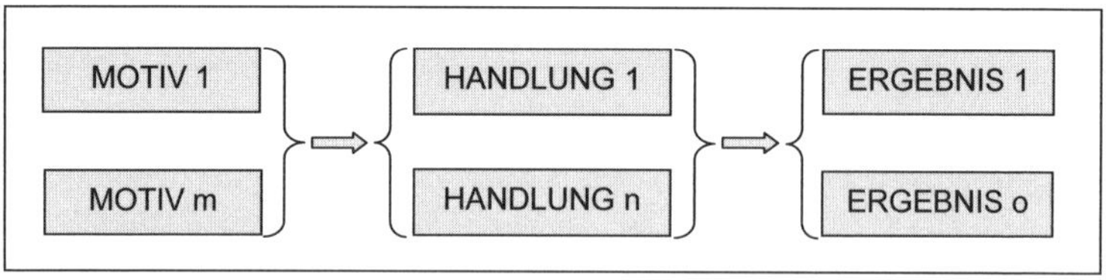

Abbildung 3: Struktur komplexer Handlungsverläufe; diese bestehen aus 1-m Motiven, 1-n Handlungen und 1-o Ergebnissen

Vorschläge der Ethik für Prinzipien, mit denen man Handlungen bewerten kann, betonen einzelne Elemente des Handlungsverlaufs unterschiedlich stark. Vorschläge, die sich auf das Motiv der Handlung konzentrieren, werden deontologische Ethik, Pflichtethik oder Gesinnungsethik genannt. Die bekannteste Variante davon ist der kategorische Imperativ von Kant. Andere Vorschläge konzentrieren sich auf die Bewertung des Ergebnisses von Handlungen. Diese Vorschläge gehören zur teleologischen Ethik und werden dem Utilitarismus zugeordnet. Schließlich gibt es Vorschläge, die keinen dieser Aspekte besonders hervorhe-

4 Die Beispiele aus dem Ethikunterricht stammen aus einem Schulversuch in der Oberstufe eines Gymnasiums zu einer Unterrichtseinheit im Fach Ethik über das Thema „Vom guten Handeln", den wir 2008 durchgeführt haben.

ben, wie z.B. die goldene Regel und die Diskursethik. Insofern kann das Konzept des Handlungsverlaufs als ein Bezugspunkt für die Unterscheidung verschiedener Ethikansätze dienen. Dazu ist es nützlich, dass die Schüler mit Handlungsverläufen flexibel umgehen können. Dies bedeutet unter anderem, dass sie in der Lage sind, Aufgaben der folgenden Aufgabenklasse zu lösen:

Versuchen Sie Beispiele für folgende unterschiedlichen Bewertungen von einfachen Handlungsverläufen nach Ihrem Urteil zu finden:

1. Fall:	Motiv gut	–	Handlung gut	–	Ergebnis gut
2. Fall:	Motiv gut	–	Handlung gut	–	Ergebnis schlecht
3. Fall:	Motiv gut	–	Handlung schlecht	–	Ergebnis gut
4. Fall:	Motiv gut	–	Handlung schlecht	–	Ergebnis schlecht
5. Fall:	Motiv schlecht	–	Handlung gut	–	Ergebnis gut
6. Fall:	Motiv schlecht	–	Handlung gut	–	Ergebnis schlecht
7. Fall:	Motiv schlecht	–	Handlung schlecht	–	Ergebnis gut
8. Fall:	Motiv schlecht	–	Handlung schlecht	–	Ergebnis schlecht

Den Problemraum dieser Aufgabenklasse kann man erweitern, indem man statt einfacher Handlungsverläufe komplexe Handlungsverläufe vorgibt (vergleiche Tabelle 1). Das umgangssprachliche Lernziel „Die Schüler können Handlungsabläufe analysieren" wird hier dahingehend präzisiert, dass die Schüler in der Lage sein sollen, anhand von geeigneten Beispielen verschieden komplexe Handlungsverläufe, bei denen die verschiedenen Motive, Handlungen und Ergebnisse jeweils positiv oder negativ sein können, zu erläutern. Dabei wird das Aufgaben-Beschreibungsformat des Lehrstoff- und Aufgabenanalyseverfahrens PLANA verwendet (Schott, Neeb, & Wieberg, (1981a). Auf PLANA wird in Abschnitt 3.5 näher eingegangen.

LERN-ZIEL (umgangs-sprachlich formuliert)	**LERNZIEL** **präzisiert nach PLANA**			
	Aufgabenstellung	**Operator**	**Aufgaben-lösung**	**Lösungskriterien/ Kompetenzgrad** (hier wird angegeben, was Schüler mindestens können sollen)
Die Schüler können Handlungs-abläufe analysieren.	(hier formuliert als Aufgabenklasse, die unterschiedlich konkrete Formulierungen als einzelne Aufgabe haben kann, daher das Variierbare in eckigen Klammern) Erläutere an einem eigenen Beispiel folgenden Handlungsverlauf: [x Motive, positiv oder negativ] [y Handlungen, positiv oder negativ] [z Ergebnisse, positiv oder negativ] [x, y und z haben die Werte 1-3] [die Aufgabenstichprobe enthält einen einfachen Handlungsverlauf (x. y und z = 1) und komplexe Handlungsverläufe (mindestens x oder y oder z größer 1), davon solche mit x, y, oder z nicht größer 2]	Erläutern und Argumentieren	geeignetes Beispiel und richtige Erläuterung	zwei einfache und ein komplexer Handlungsverlauf sollen richtig bearbeitet werden

Tabelle 1: Beispiel für die präskriptive Kompetenz „Die Schüler können Handlungsabläufe analysieren", die als Aufgabenklasse mittels des Aufgabenanalyseverfahrens PLANA präzisiert ist

Das in Tabelle 1 wiedergegebene Beispiel zeigt, dass ein Lehrziel auch jenseits konkreten Faktenwissens oder der Angabe vieler konkreter Details genau als Aufgabenklasse formuliert werden kann.

Zusammengefasst: Wenn wir ausführlich darauf hinweisen, dass hier mit „Aufgaben" sind nicht nur singuläre Aufgaben, sondern insbesondere auch Aufgabenklassen gemeint sind, dann wollen wir das Missverständnis vermeiden oder ausräumen, dass ein kompetenzorientierter Unterricht zur einer rigiden Behandlung einer mehr oder weniger festgelegten Abfolge konkreter Aufgaben verkümmert. Vielmehr kann die Förderung von Kompetenzen, so wie wir sie verstehen, einen flexiblen Umgang mit dem Unterrichtsgegenstand erfordern, der auf die unterschiedlichen Wissensstrukturen individueller Schüler eingeht und den Aufbau neuer einschlägiger Wissensstrukturen erleichtert. Die Bedingungen und Probleme des Aufbaus individueller Wissensstrukturen hat jüngst Seiler (2008) sehr sorgfältig und umfassend beschrieben.

Zu b)

Aufgaben müssen hier nicht rein kognitiv sein, sie können auch sozial-emotionale und psychomotorische Aspekte beinhalten.

Nehmen wir als Beispiel die Kompetenz, Müll zu trennen, sie soll hier aus folgenden Untermengen von Aufgaben bestehen:

1. Kenntnisse, welcher Müll in die gelbe Tonne gehört;
2. Kenntnisse, welcher Müll in die Biotonne gehört;
3. Kenntnisse, welcher Müll in die Restmülltonne gehört;
4. Kenntnisse, welcher Müll in keine der genannten Mülltonnen gehört, sondern extra entsorgt werden muss;
5. Kenntnisse über den Zweck der Mülltrennung;
6. Motivation zur Mülltrennung;
7. Mülltrennung emotional positiv empfinden;
8. Mülltrennung nachhaltig, das heißt hier langfristig, durchzuführen.

Die aufgeführten acht Untermengen können aus Überlegungen entstanden sein, welche Teilfähigkeiten zur betreffenden Kompetenz gehören sollten. Das heißt aber weder, dass diese acht Teilfähigkeiten aus testtheoretischer Sicht jeweils für sich oder zusammen auf einer Dimension liegen, noch dass diese Teilfähigkeiten von vornherein alle hoch miteinander korrelieren müssen.

Wenn Aufgabenmengen Kompetenzen kennzeichnen, dann bedeutet das nicht, dass Kompetenzen rein kognitiv sind.

Wir neigen dazu, die Fähigkeiten von Menschen in „Kopf", „Herz" und „Hand" einzuteilen, also etwa in „kognitiv", „sozial-emotional" und „sensu-motorisch", obwohl diese Unterteilung nicht immer gerechtfertigt ist. Wenn ich z.B. einen Text lese, dann prüfe ich, ob ich ihn verstanden habe, in der Regel nicht dadurch, dass ich mir die Fragen konstruiere, die ich von der Sache her beantworten können müsste um mir zu beweisen, dass ich den Text verstanden habe. Vielmehr erlebe ich ein Gefühl, dass ich es verstehe. Erst wenn ich etwas nicht verstehe, werden „kognitive" Prozesse in Gang gesetzt, deren Ausführung aber u.a. auch emotional gesteuert wird und von „Sensu-Motorik" unterstützt werden kann, etwa wenn ich mir zum näheren Verständnis eine Zeichnung mache.

Bei dem Beispiel zur Mülltrennung könnte man die genannten Kenntnisse der „kognitiven“ Seite zurechnen, das tatsächliche Mülltrennen hätte auch einen sensu-motorischen und einen sozial-emotionalen Aspekt, letzteres, weil ich es tue, obwohl es angenehmeres gibt. Die motivationalen und emotionalen Gesichtspunkte der Mülltrennung würde man dem sozial-emotionalen Aspekt zurechnen.

Unabhängig davon, ob man eine solche Einteilung in „Kopf“, „Herz“ und „Hand“ trifft: die oben erwähnten Aufgabenmengen und Kompetenzgrade zur Kennzeichnung von Kompetenzen beziehen sich nicht nur auf den kognitiven Aspekt. Wenn ich z.B. die Mülltrennung emotional positiv empfinden soll, dann besteht die Aufgabenstellung in der Konfrontation mit Mülltrennung und die Aufgabenlösung in der emotional positiven Reaktion darauf.

Manchmal wird argumentiert, dass man Emotionen und Gefühle nicht prüfen könne oder solle und deshalb seien eine Bestimmung diesbezüglicher Lehrziele (oder zu vermittelnde Kompetenzen) nicht sinnvoll oder wünschenswert. Das ist sicherlich für einige Fälle zutreffend, gilt aber nicht generell! Zu wollen, dass wir Ausländerhass abbauen oder dass wir eine positive Einstellung zum Grundgesetz fördern, sind fraglos wünschenswerte Ziele.

Auch lassen sich Motivationen, Emotionen und Gefühle bis zu einem gewissen Grade überprüfen, etwa durch Nachfrage, durch die Angabe, welche Tätigkeiten man anderen vorzieht, usw. Natürlich steht man dabei vor dem Problem, dass der oder die Befragte nicht die Wahrheit sagen könnte (dass also das Ergebnis im Sinne der sozialen Erwünschtheit verfälscht wird). Aber auch bei einer kognitiven Prüfungsaufgabe kann der Prüfling betrügen, etwa durch abschreiben.

Kurz: Kompetenzen sind oft nicht rein „kognitiv“, sie können auch sozial-emotionale und/oder sensu-motorische Anteile haben und die strikte Trennung und Zuordnung von Aufgaben nach diesen Kategorien erscheint nicht in jedem Fall effizient.

Zu c)
Bei einer genauen Definition einer Kompetenz ist die Angabe der betreffenden Menge von Aufgaben im Zweifelsfall nicht hintergehbar.

Wenn zwei Gesprächspartner sich über die Eigenschaften und Fähigkeiten einer dritten Person unterhalten, etwa darüber, ob diese dritte Person ein guter Autofahrer sei, und es dabei zu Meinungsverschiedenheiten kommt, dann ist es zu deren Klärung notwendig, zu explizieren, was diese Personen in bestimmten Situationen des Autofahrens kann, etwa: „sie riskiert kein Überholmanöver, wenn sie keine hinreichende Übersicht bezüglich des Gegenverkehrs hat“. Grundsätzlich können Fähigkeiten im Zweifelsfall nur dann genau bestimmt werden, wenn man angibt, wie man in einer bestimmten Situation handelt, wenn man die betreffende Fähigkeit besitzt – oder anders ausgedrückt: wenn man angibt, welche Aufgaben beziehungsweise Aufgabenklassen man lösen kann, wenn man die betreffende Fähigkeit besitzt. Entsprechendes gilt auch für Kompetenzen als eine Teilmenge der Fähigkeiten.

Damit eine Kommunikation über Fähigkeiten effizient ist, verwenden wir sowohl in der Alltagssprache als auch in der Wissenschaft Namen für eine bestimmte Menge von Aufgaben, welche die betreffende Fähigkeit charakterisieren und nicht explizite Listen einzelner Aufgaben. Das bedeutet aber nicht, dass zwei Personen dieselbe Aufgabenliste meinen, etwa wenn von „Intelligenz“, „mathematischer Fähigkeit“, „Hilfsbereitschaft“ die Rede ist. Entsprechendes gilt für Kompetenzen im Bildungswesen.

Nehmen wir als Beispiel die „Bildungsstandards im Fach Mathematik für den Mittleren Schulabschluss“.[5] Dort werden sechs Kompetenzen bei der Auseinandersetzung mit mathematischen Inhalten beschrieben (vgl. Abbildung 4). Worin besteht nun beispielsweise der Unterschied zwischen der Kompetenz „Probleme mathematisch lösen“ und „mathematisches Modellieren“? Dieser Unterschied ist letztlich nur zu klären durch die Angabe von jeweils einschlägigen Aufgaben. Dies geschieht auch in dem angesprochenen Text (S. 8):

Probleme mathematisch lösen

Dazu gehört:

- vorgegebene und selbst formulierte Probleme bearbeiten,
- geeignete heuristische Hilfsmittel, Strategien und Prinzipien zum Problemlösen auswählen und anwenden,
- die Plausibilität der Ergebnisse überprüfen sowie das Finden von Lösungsideen und die Lösungswege reflektieren.

---

5 Beschlüsse der Kultusministerkonferenz, Beschluss vom 2004.

Mathematisch modellieren

Dazu gehört:

- den Bereich oder die Situation, die modelliert werden soll, in mathematische Begriffe, Strukturen und Relationen übersetzen,
- in dem jeweiligen mathematischen Modell arbeiten,
- Ergebnisse in dem entsprechenden Bereich oder der entsprechenden Situation interpretieren und prüfen.

Nun könnte man weiter fragen, worin der Unterschied besteht zwischen „vorgegebene und selbst formulierte Probleme bearbeiten", was die Kompetenz „Probleme mathematisch lösen" charakterisiert und „den Bereich oder die Situation, die modelliert werden soll, in mathematische Begriffe, Strukturen und Relationen übersetzen", was die Kompetenz „mathematisch modellieren" veranschaulichen soll. Wiederum müsste man für diese Unterscheidung jeweils einschlägige Aufgaben nennen. In der Praxis sind allerdings diesen Präzisierungen Grenzen gesetzt. Wir werden auf das Problem noch einmal in Abschnitt 3.1.4 zurückkommen. Hier ging es lediglich darum, aufzuzeigen, dass im Zweifelsfall ein Rekurs auf die Angabe von Aufgaben bei der genauen Kompetenzbestimmung nicht hintergehbar ist.

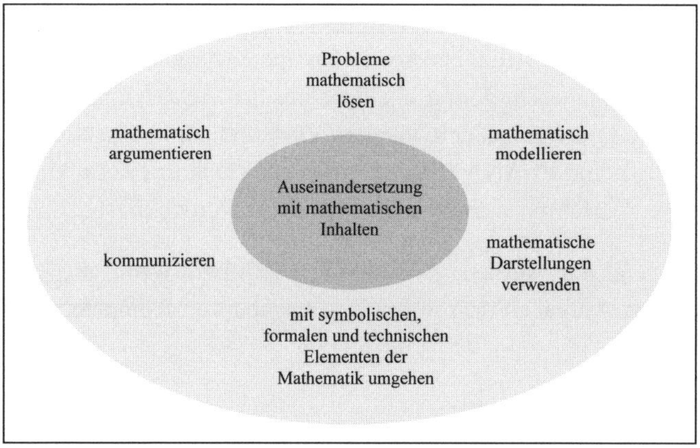

Abbildung 4: Sechs Kompetenzen bei der Auseinandersetzung mit mathematischen Inhalten aus den Bildungsstandards im Fach Mathematik für den Mittleren Schulabschluss

Zu Punkt 2 (Kompetenzgrad):

Zur Bestimmung einer präskriptiven Kompetenz gehört nicht nur die Angabe der Menge von Aufgaben, die man lösen kann, wenn man die Kompetenz besitzt, sondern auch die Angabe des Kompetenzgrades, das heißt, wie gut man die Aufgaben lösen können sollte. Zweckmäßig ist hier die Angabe der minimalen Anforderung, die noch akzeptabel ist.

Die Kultusministerkonferenz hat sich hier nicht dem Vorschlag der Expertenkommission (Klieme et al., 2003) angeschlossen, sondern für die Angabe von durchschnittlichen Anforderungen plädiert. Wir halten die Sichtweise der Expertenkommission für überzeugender, weil letztlich nur so überprüft werden kann, ob die Schüler präskriptive Kompetenzen im gewünschten Ausmaß erworben haben.

Die Menge von Aufgaben, die man ausführen kann, wenn man die betreffende Kompetenz besitzt, kann aus unterschiedlichen Untermengen bestehen. Entsprechend sind für die betreffenden Untermengen jeweils Kompetenzgrade festzulegen. Die verschiedenen Untermengen müssen nicht gemeinsam auf einer durch eine Testtheorie definierten Dimension liegen.

Bei dem im Beispiel zur Mülltrennung genannten acht Teilfähigkeiten können verschiedene Kompetenzgrade verlangt werden. Die Angabe des Kompetenzgrades kann quantitativer Natur (z.B.: „90% der Mülltrennung muss richtig sein") oder qualitativer Natur (z.B.: „Batterien und Akkus dürfen in keine Mülltonne geworfen werden") sein.

Wenn bei unserer festsetzenden Definition von „Kompetenz“ diese aus der Angabe einer Menge von Aufgaben sowie Kompetenzgraden besteht, dann ist eine genaue Kompetenzbeschreibung ein Problem der Anwendung geeigneter Aufgabenanalysen. Die von uns entwickelten Verfahren zur Aufgabenanalyse, GRIP (Schott, 1991a), und PLANA (Schott, Neeb & Wieberg, 1981a, kurze Beschreibungen dieser Verfahren werden später gegeben) wurden diesbezüglich erprobt.

Kurz: Kompetenzen werden zweckmäßig definiert, wenn die einschlägigen Aufgaben bzw. Aufgabenklassen mit der Angabe von Kompetenzgraden versehen werden.

Zu Punkt 3 (Nachhaltigkeit):
Wenn wir im Rahmen einer Urlaubsreise in eine Stadt kommen, die wir noch nicht kennen und die wir erkunden möchten, dann verschaffen wir uns dazu eine Übersicht. Wir erwerben z.B. Kenntnisse über Sehenswürdigkeiten, Museen, Konzerte, Restaurants, Öffnungszeiten, Verkehrsmittel und den Stadtplan. Diese Kenntnisse entsprechen den beiden erstgenannten Punkten, welche die Kompetenzen charakterisieren: Es sind Mengen von Aufgaben, die wir mit bestimmten Kompetenzen ausführen können wollen. Viele dieser Aufgaben werden bedeutungslos, wenn wir die Stadt verlassen haben, wir vergessen die meisten davon. Anders bei Kompetenzen: Wenn wir z.B. eine Fremdsprache oder mathematische Kenntnisse erwerben oder erwerben sollen, dann sprechen wir hier von „Kompetenzen“, weil die genannten Fähigkeiten uns möglichst lange eigen sein sollen. Diese gewünschte Nachhaltigkeit von Kompetenzen hat, wie wir noch sehen werden, wichtige Konsequenzen. Eine davon ist die Notwendigkeit der Beachtung der Plastizität von Kompetenzen: Je nach individuellem Umfeld wird im Laufe der Zeit eine individuelle Kompetenz weiter geübt und gefestigt oder sie geht verloren.

Kurz: Wir definieren Kompetenzen als relativ überdauernde Kenntnisse.

3.1.2.2 Die Unterscheidung zwischen Kompetenz und Performanz

Dem Begriff „Kompetenz“ wird häufig der Begriff „Performanz“ gegenübergestellt. Wie in der Sprachwissenschaft liegt es nahe, zwischen Kompetenz und Performanz zu unterscheiden. Erstere bezeichnet die latente Fähigkeit einer Person, eine bestimmte Menge von Aufgaben ausführen zu können (z.B. Deutsch sprechen zu können), letztere eine konkrete Ausführung einer dieser Aufgaben (z.B. zu sagen oder zu schreiben: „Ich gratuliere Dir zum 50. Geburtstag!“). Eine Kompetenz einer Person kann nicht direkt, sondern nur indirekt über deren entsprechende Performanz diagnostiziert werden.

Die Beziehung zwischen Kompetenz und Performanz ist für die Kompetenzdiagnostik von grundlegender Bedeutung. Welche Fähigkeit einer Person wir auch immer betrachten, zum Beispiel die Fähigkeit Auto zu fahren, Freunde zu gewinnen, quadratische Gleichungen zu lösen oder moralisch zu urteilen, immer sind wir darauf angewiesen, zu beobachten, was diese Person in einer entsprechenden Situation tut. Von diesen Beobachtungen ausgehend schließen wir auf die Art und Ausprägung einer bestimmten Fähigkeit bei einer bestimmten Person. Welche Fähigkeiten gibt es beim Menschen? Die unterschiedlichen Begriffe für verschiedene Fähigkeiten sind ebenso wie andere Begriffe für Gegenstände und Geschehnisse bei der Verwendung der Sprache im Alltag entstanden um sich in der Welt orientieren zu können.

Man kann von einer Beobachtung auf eine Kompetenz schließen und umgekehrt von einer Kompetenz auf eine erwartete Beobachtung. Beide Schlussrichtungen haben ihre Probleme. Schließt man von der Beobachtung, wie eine Person eine konkrete Aufgabe bearbeitet, auf deren Kompetenz, dann setzt man voraus, dass die Klasse der Aufgaben, zu der die beobachtete Aufgabe zu rechnen ist, zur Menge der Aufgaben gehört, welche die betreffende Kompetenz der betreffenden Person ausmacht. Ein ähnliches Problem besteht, wenn man hört, dass eine Person eine bestimmte Kompetenz habe und dann bestimmte Erwartungen hegt, was diese Person kann (das heißt, anzunehmen, welche Aufgaben diese Person beherrscht oder nicht beherrscht).

Worin eine latente Fähigkeit einer Kompetenz besteht, ist ein Untersuchungsgegenstand der Psychologie. Bei der Erläuterung des Kompetenzbegriffs im Rahmen der empirischen Bildungsforschung stellen Klieme & Hartig (2008, S. 18) die Frage: „Welche psychischen Prozesse und Strukturen bilden letztlich die Basis von Kompetenzen?“ Dazu führen sie u.A. aus (a.a.O., S. 18f.):

> „Die entscheidende Frage eines psychologischen Zugangs zu Kompetenzen ist aus unserer Sicht nicht die (letztlich scholastische) Frage, welche Dispositionen man mit diesem Begriff belegen ‚darf‘ – kognitive, metakognitive, motivationale, volitionale oder/und soziale, generative oder situierte, funktionale oder kreativ-emanzipatorische –, sondern die Frage danach, welches im Einzelnen deren ‚mentale Bedingungen‘ sind. Es geht also […] um die Frage welches ‚system of knowledge and belief‘ den jeweils erfolgreichen Handlungen zugrunde liegt, d.h. die angemessene

> Bewältigung von Anforderungssituationen ermöglicht. Die psychologische Modellierung von Kompetenzen zielt darauf ab, diese ‚mentalen Bedingungen' zu rekonstruieren, wobei – je nach Art der Modellierung für die jeweilige Domäne – unterschiedliche psychologische Konstrukte herangezogen werden können".

Wir stimmen dem ersten Teil dieses Zitats (vor „sondern …") zu, haben aber Bedenken mit dem zweiten Teil (nach „sondern …"). Aus unserer Sicht macht es einen Unterschied, wie man eine Kompetenz beschreibt und welche psychologischen Prozesse man modelliert, die diese Kompetenz hervorbringen. So ist z.B. das Beschreiben, worin das Addieren in der Mathematik besteht, eine Sache, die Realisation des Addierens mit einer mechanischen Rechenmaschine, einem Computer oder im Kopf eine andere. Die psychologische Modellierung einer Kompetenz kann dieser keine neuen Bestimmungselemente hinzufügen – zumindest nicht bei Kompetenzen im Bildungswesen, die wir im Folgenden präskriptive Kompetenzen nennen werden. Deshalb ist bei *ComTrans*, wenn es um die Entwicklung von Kompetenzmodellen geht, die rationale Aufgabenanalyse (das heißt die Fachanalyse einer Kompetenz) der psychologischen Aufgabenanalyse vorgeordnet. Darauf werden wir in Abschnitt 3.1.5 zurückkommen.

3.1.2.3 Die Unterscheidung zwischen domänenspezifischen Kompetenzen und anderen Fähigkeiten

Welche verschiedenen Fähigkeiten Menschen haben und wie sich Menschen diesbezüglich untereinander unterscheiden, erforscht die Differentielle Psychologie. In ihrer Forschungstradition entstand die Unterscheidung der psychischen Fähigkeiten zwischen Temperamenten oder Charaktereigenschaften einerseits (z.B. Extraversion bzw. Introversion) und Eigenschaften im Leistungsbereich andererseits.

Der Leistungsbereich wird oft aufgeteilt in Fähigkeiten, die fachgebietsübergreifend und weniger erlernt sind, wie z.B. die Intelligenz, und in Fertigkeiten, die fachspezifisch sind und im Wesentlichen erlernt werden müssen. Diese Fertigkeiten, heute oft als „domänenspezifisch" bezeichnet, meint man in der Regel, wenn man von Kompetenzen im Bildungswesen spricht.

Diese domänenspezifischen Fertigkeiten werden – wie schon erwähnt – oft in drei Bereiche unterteilt: den kognitiven Bereich, den sozial-emotionalen Bereich und den motorischen Bereich (also in „Kopf", „Herz" und „Hand"). Obwohl weit verbreitet, ist diese Einteilung problematisch. In der Regel sind alle drei

Bereiche mehr oder weniger bei einer Kompetenz vertreten. Beispielsweise geht es bei der Kompetenz, sich sprachlich verständigen zu können, darum, syntaktisch korrekte Sätze zu bilden („kognitiv", „Kopf"), auf die Bedürfnisse der Gesprächspartner eingehen zu können („sozial-emotional", „Herz") und seine Rede durch Mimik und Gestik unterstützen zu können („psychomotorisch", „Hand"). Sozial-emotionale Aktivitäten, z.B. zu versuchen jemandem zu überreden, haben auch kognitive Anteile. Entsprechendes gilt für den motorischen Bereich, wenn man z.B. ein Kartenhaus baut. Bei vielen Kompetenzen hat sich die Schule darauf spezialisiert, diese zu vermitteln, z.B. Lesen, Schreiben und Rechnen. Andere Kompetenzen lernt man (hauptsächlich) „im Leben".

Kompetenzen im Bildungswesen sind also domänenspezifisch beziehungsweise fachspezifisch. Wenn man psychische Fähigkeiten als psychologische Dispositionen des Menschen betrachtet um erleben und handeln zu können, dann unterscheidet sich eine domänenspezifische Kompetenz von anderen psychischen Fähigkeiten dadurch, dass letztere relativ unabhängig von den Anforderungen einer bestimmten Domäne, z.B. eines bestimmten Faches, wie der Physik oder Germanistik, sind. Fachspezifische Kompetenzen hingegen werden insbesondere von fachlichen Aussagen und Zusammenhängen des betreffenden Faches bestimmt. Überlegungen, was man in einem bestimmten Fach können soll, beschreiben zunächst präskriptive Kompetenzbestimmungen, nicht aber persönliche Kompetenzen. Insofern ist eine psychologische Untersuchung nicht hinreichend für die Bestimmung einer domänenspezifischen Kompetenz oder für die Entwicklung eines theoretischen Kompetenzmodells. Dies führt zum nächsten Punkt.

3.1.2.4 Die Unterscheidung zwischen Kompetenz als Präskription mit normativem Charakter und als Fähigkeit einer Person: präskriptive Kompetenzen und persönliche Kompetenzen

Von grundlegender Bedeutung ist die Unterscheidung zwischen Kompetenz als Präskription und einer Kompetenz als vorzufindende Fähigkeit einer Person. Eine Kompetenz als Präskription ist eine Vorschrift, sie hat normativen Charakter. Zum Beispiel soll ein Fahrschüler bestimmte Kenntnisse in Erster Hilfe haben, ein Pilot, Kenntnisse, wie ein Flugzeug gelandet wird, ein Grundschüler soll die vier Grundrechenarten beherrschen. Eine Kompetenz als Fähigkeit einer bestimmten Person beschreibt dagegen, was diese Person bei den genannten Beispielen tatsächlich kann. Bildungsstandards, dazugehörige Kompetenzmodelle und Lehrziele beschreiben Kompetenzen als Präskriptionen mit normativem Charakter, kurz als „präskriptive Kompetenzen". Ergebnisse von Lernerfolgskontrollen beschreiben Kompetenzen als individuelle Fähigkeiten einzelner Personen, kurz als „persönliche Kompetenzen".

Diese Unterscheidung ist unseres Erachtens von grundlegender Bedeutung beim Umgang mit Bildungsstandards und Kompetenzdiagnostik, weil damit unterschiedliche wissenschaftliche Gütekriterien verbunden sind. Es lohnt sich hier, unterschiedliche Aspekte der Forschung zu betrachten. Klauer (1986) unterscheidet einen deskriptiven, präskriptiven und normativen Aspekt in der pädagogisch-psychologischen Forschung. Welche Kriterien werden angelegt, wenn zu entscheiden ist, ob Wissenschaft und Technik verlässliches Wissen erzeugen? Bei jeder angewandten Wissenschaft – so auch bei der empirischen Bildungsforschung – ist es zweckmäßig, drei Forschungsaspekte zu unterscheiden: eben den deskriptiven, den normativen und den präskriptiven Forschungsaspekt. Für diese drei Forschungsaspekte stehen unterschiedliche Gütekriterien für eine gute Forschung und Entwicklung im Vordergrund. Der deskriptive Aspekt betrifft vor allem die sog. Grundlagenwissenschaften, der normative Aspekt die Rechtfertigung von Zielen und Methoden und der präskriptive Aspekt die Effizienz der Maßnahmen einer Technik bzw. Handlungsanweisung, etwa im Rahmen der empirischen Bildungsforschung.

Der **deskriptive Forschungsaspekt** bezieht sich typischer Weise entweder auf das Finden und Beschreiben wissenschaftlicher Gesetze und strebt dabei als besonders relevantes, wissenschaftliches Gütekriterium eine hohe Allgemeingültigkeit an (vgl. Tabelle 2). Oder der deskriptive Forschungsaspekt bezieht sich auf die wissenschaftliche Beschreibung von Phänomen, z.B. die Beschreibung in der Anatomie oder der Pflanzenarten oder wichtiger Aspekte von Lernergebnissen, wie dies bei der Bloom'schen Taxonomie der Fall ist (Bloom et al., 1965). Das wissenschaftliche Kriterium ist dann die Nützlichkeit der Beschreibung oder des Beschreibungssystems. Ergänzend kann man dem deskriptiven Aspekt die Beschreibung von Zusammenhängen zuordnen, die zwar nicht allgemeingültig für alle Menschen, aber für eine angewandte Disziplin in einem bestimmten praktischen Bereich von Bedeutung sind. Ein Beispiel aus der Pädagogischen Psychologie ist der Zusammenhang zwischen Leistungsvarianz und -niveau in Schulklassen. Die Sichtweise des deskriptiven Forschungsaspekts wird schwerpunktmäßig bei den sog. „Grundlagendisziplinen" eingenommen, in der Psychologie insbesondere in der Allgemeinen Psychologie, Sozialpsychologie und Entwicklungspsychologie, obwohl mindestens die beiden letztgenannten auch Anwendungsaspekte für sich beanspruchen.

Forschungsaspekte	**typische, angestrebte Arbeitsergebnisse**	**schwerpunktmäßiges Vorkommen**	**besonders relevantes, wissenschaftliches Gütekriterium**
deskriptiv	Wissenschaftliche Gesetze	empirische „Grundlagendisziplinen"	Allgemeingültigkeit
	Wissenschaftliche Beschreibungen	andere (z.B. geisteswissenschaftliche) „Grundlagendisziplinen"	Nachvollziehbarkeit und Nützlichkeit der Beschreibung
präskriptiv	Techniken (Handlungsanweisungen zum Erreichen bestimmter Ziele)	„Anwendungsdisziplinen"	Effizienz
normativ	Normen	Fragen nach Sinn und Zumutbarkeit von Untersuchungen, Interventionen und Beschreibungen	Rechtfertigbarkeit

Tabelle 2: Deskriptiver, präskriptiver und normativer Aspekt der Forschung

Der **präskriptive Forschungsaspekt** bezieht sich typischer Weise auf Techniken oder Technologien, die Gegenstand von Anwendungsdisziplinen sind. Die Bezeichnungen „Technik“ und „Technologie“ werden meist nicht klar getrennt. Gemeint ist immer eine vom Menschen entwickelte Vorgehensweise zur Erreichung eines bestimmten Zieles. Als besonders relevantes, wissenschaftliches Gütekriterium wird eine hohe Effizienz angestrebt, d.h., dass die verwendete Technik das gesteckte Ziel mit einem möglichst guten Kosten-Nutzen-Verhältnis erreicht, möglichst ohne schädliche Nebenwirkungen. Der Begriff „Technik“ ist hier nicht verkürzend auf technische Geräte wie Traktoren, Fertigungsstraßen für Autos oder Computer gemeint, sondern bezieht sich auf alles, was für eine bestimmte Zielerreichung geplant durchgeführt wird, schließt also auch Handlungsanweisungen für Menschen und Handlungen von Menschen mit ein. Dieser Bezug auf das Handeln des Menschen verweist auf die psychologische Dimension der Effizienz von Techniken. Das Bestreben, überprüfbare Bildungsstandards (Hoymann, 2005) zu entwickeln und dabei eine Kompetenzdiagnostik zu verwenden, ist im Wesentlichen dem präskriptiven Forschungsaspekt zuzuordnen, dessen Gütekriterium die Effizienz ist.

Der **normative Forschungsaspekt** schließlich bezieht sich typischer Weise auf Fragen nach Sinn und Zumutbarkeit wissenschaftlichen oder praktischen Handelns, in dem hier interessierenden Fall präskriptiver Ansätze auf Fragen nach dem Sinn und der Zumutbarkeit von Bildungs- und Lehrzielen und den Techniken, sie zu erreichen, den Unterrichtsmethoden. Als wissenschaftliches, aber auch als praktisches Gütekriterium wird dabei ein hoher Grad von Rechtfertigbarkeit angestrebt.

Präskriptive Ansätze sollten sich – soweit möglich – auf deskriptive Erkenntnisse und normative Forderungen gründen, darüber hinaus sollten sie für ihre Anwender benutzerfreundlich sein, d.h. sie sollten diese psychologisch nicht überfordern, sondern unterstützen, etwa indem sie den Anwendern helfen, den einschlägigen Problemraum übersichtlich auszubreiten, effiziente Problemlösestrategien anzuregen und diese zielführend umzusetzen. Kurz: Ein präskriptiver Ansatz sollte (ebenso wie eine präskriptive Theorie) nicht nur konzeptionell schlüssig, empirisch gestützt und in ihrer Anwendung legitimierbar sein, er sollte auch für seine Nutzer leicht handhabbar sein, sonst kann er das Kriterium der Effizienz nicht bestmöglich erreichen.

Die drei Forschungsaspekte sind unterschiedliche Sichtweisen und nicht bei jeder wissenschaftlichen Arbeit klar zu trennen. Trotzdem ist diese Unterscheidung nützlich. Bei der Anwendung von Erkenntnissen einer Anwendungsdisziplin, wie z.B. der empirischen Bildungsforschung, der Medizin oder der Kochkunst, sollte primär der normative Aspekt beachtet werden, d.h. sind das angestrebte Ziel und die in Betracht gezogenen Methoden zu seiner Erreichung hinreichend gut zu rechtfertigen. Anschließend sollte im Sinne des präskriptiven Aspekts geprüft werden, welche der in Betracht gezogenen Methoden bzw. Technologien am effizientesten sind. Im Sinne des deskriptiven Aspektes sollte man fragen – insbesondere wenn die Effizienz der vorzufindenden Methoden bzw. Technologien zu unbefriedigend ist – inwiefern Erkenntnisse der Grundlagendisziplinen weiterhelfen können, die Methoden bzw. Technologien zu verbessern. Schließlich ist die Effizienz der Maßnahmen – soweit praktisch möglich – durch empirische Untersuchungen nachzuweisen.

Es ist ein Irrglaube, dass in der Regel Methoden, Technologien oder Handlungsanweisungen unmittelbar aus den Erkenntnissen der Grundlagenwissenschaften entstehen, allein schon deshalb, weil das unmittelbare Forschungsinteresse der Grundlagendisziplinen nicht die Anwendung ist und sein sollte und das Gütekriterium dieser Disziplinen sich nicht auf die Effizienz, sondern vielmehr auf die Allgemeingültigkeit der gefundenen Zusammenhänge oder auf die Nachvollziehbarkeit und Nützlichkeit der betreffenden Beschreibungen bezieht.

Bei der Bestimmung einer fachspezifischen Kompetenz wird aus der Sicht der betreffenden Fachdidaktik und ggf. noch aus der Sicht anderer Disziplinen wie der Erziehungswissenschaft und Psychologie eine Vorschrift (eine Präskription) konstruiert, worin die betreffende Kompetenz besteht, die bestimmten Lernenden vermittelt werden soll (normativer Charakter). Die wissenschaftliche Beschreibung, wie Menschen im Vergleich zu einem Computer Schach spielen oder wie ein einzelner Schachexperte Schach spielt, ist eine Deskription. Wird aus fachlichen und psychologischen Erkenntnissen eine fachspezifische Kompetenz und ein dazugehöriges theoretisches Kompetenzmodell konstruiert, damit bestimmte Zielgruppen Schachspielen lernen können, dann handelt es sich um eine Präskription mit normativem Charakter. Eine Deskription wird vorgefunden, eine normative Präskription konstruiert, gefordert und gelehrt. Bei einer Kompetenz, die man bei einem Menschen gefunden hat (Deskription), kann man sicher sein, dass es Menschen gibt, die diese Kompetenz ausführen können. Dies ist bei einer präskriptiven Kompetenz nicht zwingend der Fall. Eine Präskription muss, wie ausgeführt, anderen wissenschaftlichen Kriterien genügen als eine Deskription.

Da eine im Bildungswesen geforderte Kompetenz eine Präskription mit normativem Charakter ist, sind bei entsprechenden Forschungen zur Kompetenzdiagnostik als wissenschaftliche Gütekriterien neben der Allgemeingültigkeit im Sinne des deskriptiven Forschungsaspekts auch die Effizienz und die Rechtfertigbarkeit im Sinne des präskriptiven beziehungsweise normativen Forschungsaspekts zu beachten.

3.1.2.5 Die Unterscheidung von Inhalts- und Verhaltensaspekt bei Kompetenzen

Bei der Formulierung und Klassifikation von Lehrzielen hatte es sich als nützlich erwiesen, einen Inhaltsaspekt von einem Verhaltensaspekt zu unterscheiden. Diese Unterscheidung wurde von dem amerikanischen Schuldpädagogen Ralf Tyler (1971) bereits in der Mitte des letzten Jahrhunderts vorgeschlagen (vergleiche auch Schott, 1972). So könnte z.B. im Mathematikunterricht der Inhaltsaspekt in der Nennung verschiedener mathematischer Lehrsätze und der Verhaltensaspekt im Wissen, Verstehen und Anwenden dieser Lehrsätze bestehen. Dabei wird der Inhaltsaspekt in die Zeilen und der Verhaltensaspekt in die Spalten einer Matrix eingetragen. Die Zellen der Matrix beschreiben mögliche Lehrziele. Diese Matrix wird „Tyler-Matrix", manchmal auch „Inhalts-Verhaltensmatrix" oder „Spezifikationstabelle" genannt. Bloom und Mitarbeiter entwickelten mehrere Vorschläge, um den Verhaltensaspekt der Tyler-Matrix systematischer einzuteilen. Am bekanntesten wurde die bereits erwähnte Taxonomie kognitiver Lernziele (Bloom et al., 1956). Diese Taxonomie sollte helfen, die Lernerfolgskontrolle zu verbessern – es war ein sehr nachhaltiger Beitrag zur Kompetenzdiagnostik. Bloom, Hastings & Madaus veröffentlichten 1971 das „Handbook on formative and summative evaluation of student learning", in dem mit Hilfe der Tyler Matrix und der Bloom'schen Taxonomie die Lehrpläne unterschiedlicher Unterrichtsfächer und Schulstufen dargestellt sind. Diese Darstellung kann als eine ausführliche Formulierung von Bildungsstandards betrachtet werden, bei der allerdings die Festlegung von Kompetenzgraden fehlt. Anderson und Mitarbeiter (200l) legten kürzlich eine Revision von Blooms Lehrzieltaxonomien vor.

Der historische Rekurs auf die Tyler-Matrix und die Bloom'sche Taxonomie ist hier deswegen erwähnenswert, weil die gegenwärtigen Versuche, überprüfbare Bildungsstandards zu strukturieren, z.B. für die Mathematik in der Mittelstufe, ähnlich zu diesen genannten Vorläufern sind und auch ähnliche Probleme aufwerfen. Dazu kommen wir in den Abschnitten 3.1.4 und 3.2.1.

Die Zerlegung von Aufgaben beziehungsweise Prozessen in Zustände und Änderungen nach dem Aufgabenanalyseverfahren GRIP erlaubt eine genaue analytische Trennung des Inhalts- und Verhaltensaspekts bei Kompetenzen (GRIP wird in Abschnitt 3.5.2.2 näher erläutert). Der Inhaltsaspekt wird durch die Zustände, der Verhaltensaspekt durch die Änderungen beschrieben. Die Thematik der Aufgabenanalyse wird in Abschnitt 3.5 aufgegriffen.

Die Unterscheidung von Inhalts- und Verhaltensaspekt erlaubt eine genauere Klassifikation von Kompetenzen. Betrachtet man die im Antrag zum DFG SPP Kompetenzdiagnostik (Klieme & Leutner, 2006) als Beispiele genannten Kompetenzen, so fällt auf, dass diese relativ variabel bezüglich des Inhaltsaspektes sind. Die dort angesprochene Lesekompetenz lässt sich bei vielen unterschiedlichen Texten in allen Schulstufen üben, d.h. der Inhaltsaspekt dieser Kompetenz ist sehr variabel, er bezieht sich nicht auf einen bestimmten Inhalt. Ähnliches gilt auch für die im Antrag genannte Fremdsprachenkompetenz und Problemlösekompetenz. Auch wenn Letztere auf eine bestimmte Domäne, z.B. die Mathematik, eingegrenzt ist, bleibt doch der Inhaltsaspekt sehr variabel.

Es liegt nahe, dass bisher Kompetenzen untersucht wurden, die einen variablen Inhaltsaspekt haben. Solche Kompetenzen lassen sich besonders gut mit den bisherigen Testmodellen quantifizieren. Muss eine bestimmte Aufgabe bei der empirischen Itemselektion gestrichen werden, dann kann eine ähnliche Aufgabe mit einem anderen Inhalt Verwendung finden. Es gibt aber Kompetenzen, bei denen der Inhaltsaspekt nicht so variabel ist. Die Kompetenz Autofahren zu können, verlangt u.A., dass man bei Rot an der Ampel hält. Diese Aufgabe ist unverzichtbar (wegen der möglichen schlimmen Konsequenzen, wenn man nicht bei Rot an der Ampel hält), sie würde aber z.B. bei der Rekonstruktion der Kompetenz Auto fahren zu können durch die klassische Testtheorie im Rahmen der empirischen Itemselektion entfernt werden, weil sie sehr leicht (die meisten halten bei Rot an der Ampel) und daher wenig trennscharf ist.

Diese Überlegungen legen nahe, die Variation von Inhalts- und Verhaltensaspekt bei der Rekonstruktion von theoretischen Kompetenzmodellen systematisch zu beachten. Dies betrifft die Fragen nach dem Verhältnis zwischen fachlicher und psychologischer Analyse von Kompetenzen, nach dem Verhältnis zwischen rationaler (fachlicher) und psychologischer Aufgabenanalyse – darauf kommen wir später zurück (Abschnitt 3.1.5) – und nach dem kontextuellen Charakter einer Kompetenz, die wir im folgenden Abschnitt behandeln.

3.1.3 Worin der kontextualisierte Charakter einer Kompetenz bestehen sollte

Die Bedeutung des kontextualisierten Charakters von Kompetenzen wird im DFG SPP Kompetenzdiagnostik hervorgehoben. Wir haben in Abschnitt 2.3 bereits angemerkt, dass der im DFG SPP Kompetenzdiagnostik verwendete Begriff vom „kontextualisierten Charakter einer Kompetenz" u.E. zu ungenau ist. Allerdings stimmen wir der Relevanz von Kontexten einer Kompetenz zu. Deshalb behandeln wir im Folgenden die Frage: Wie sind hier „kontextueller Charakter einer Kompetenz" sowie „Kontext" und die Rolle, die sie spielen, zweckmäßigerweise zu verstehen?

3.1.3.1 Der kontextualisierte Charakter einer Kompetenz: lerngegenstands-, personen-, situations- oder ontogenesespezifisch?

Nehmen wir als Ausgangspunkt nochmals die bereits zitierte Charakterisierung des „kontextuellen Charakters einer Kompetenz" im DFG SPP Kompetenzdiagnostik (Klieme & Leutner, 2006, S. 6f.):

> „Eine große Herausforderung bei der Formulierung von Kompetenzmodellen besteht darin, dem kontextualisierten Charakter von Kompetenzen gerecht zu werden und sowohl personen- als auch situationsspezifische Komponenten zu berücksichtigen. So können z.B. bei der Beschreibung von Fremdsprachenkompetenz die Anforderungen beim Lesen eines Textes und in einem mündlichen Dialog auf Seite der Situation deutlich differenziert werden (z.B. geschriebener vs. gesprochener Text, reines Textverstehen vs. Textproduktion). Auf Seiten der Person müssen zugleich Wissensstrukturen berücksichtigt werden, die in beiden Situationen zum Tragen kommen – etwa das verfügbare Vokabular oder das spezifische Wissen im Bereich grammatischer oder sozio-pragmatischer Regelungen [...]. Diese simultane Berücksichtigung personen- und situationsspezifischer Anteile hat sowohl für die Struktur von Kompetenzen als auch für die Beschreibung von Niveaus Konsequenzen."

Wir verstehen das so: Der kontextualisierte Charakter einer Kompetenz bestehe darin, dass eine bestimmte Variation der Situationen und eine bestimmte Variation der Eigenschaften von Personen bei der Ausführung der Kompetenzen zu berücksichtigen sind. Nehmen wir als Beispiel die Kompetenz, ein Steak entweder gut durchgebraten (well done) oder halb durchgebraten (medium) zubereiten zu können. Die geforderte situative Variation könnte darin bestehen, dass man ein Steak mit der geforderten Eigenschaft bei verschieden dicken Fleischstücken, an verschiedenen Kochstellen (Gas- oder Elektroherd) und mit verschiedenen Pfannen zubereiten kann. Was aber könnte hier die geforderte personenspezifische Variation sein? Das Geschlecht? Fleischesser oder Vegetarier? Vorwissen zum Kochen? Die genannten Personeneigenschaften können (oder können nicht) eine Rolle beim Erwerb der diskutierten Kompetenz spielen, sie beschreiben diese aber nicht. Personenspezifische Kontexte einer Kompetenz können daher lediglich bei ihrem Erwerb oder ihrer Ausführung (man sollte vielleicht einen Vegetarier nicht zwingen, ein Steak zu braten) von Bedeutung sein, bei der Definition einer präskriptiven Kompetenz für die Kompetenzdiagnostik hingegen spielen sie keine Rolle. Auf den situationsspezifischen Aspekt von Kontexten einer Kompetenz werden wir noch ausführlich eingehen. Außerdem ist noch ein ontogenesespezifischer Aspekt von Kompetenzen zu beachten, nämliche eine langfristige Interaktion zwischen einer Kompetenz einer Person und ihrem Lebensweg – also personenspezifischen situativen Gegebenheiten. Zunächst erläutern wir den kontextualisierten Charakter einer Kompetenz im Lernprozess als Kontext des Lerngegenstandes.

3.1.3.2 Der kontextualisierte Charakter einer Kompetenz im Lehr-Lern-Prozess als Kontext des Lerngegenstandes: Dekontextualisierung und Rekontextualisierung

Wenn ein bestimmtes Lehrziel vermittelt, beziehungsweise eine bestimmte Kompetenz unterrichtet wird, dann findet in der Regel eine zweifache Dekontextualisierung und Rekontextualisierung statt. Nehmen wir als Beispiel den Lerngegenstand „Die Funktion einer Nähmaschine". Diese Funktion wird zunächst aus dem Kontext einer fachlich korrekten Darstellung entnommen, also bezüglich ihres bisherigen Kontextes dekontextualisiert, sie erfährt eine adressatengerechte Vereinfachung, also eine modellhafte, didaktische Reduktion, und wird in den Kontext einer Unterrichtsplanung eingefügt, also rekontextualisiert. Ein Schüler wiederum dekontextualisiert die Funktion einer Nähmaschine aus dem Unterrichtszusammenhang und baut diese gleichsam in seine eigene Wissensstruktur ein, er rekontextualisiert sie. Das Objekt einer Kontextualisierung ist hier die Funktion einer Nähmaschine als mehr oder weniger ausführlich beschriebener Sachverhalt. Die Kontexte sind die Darstellung im Fachbuch, im Unterricht und in der Wissensstruktur des Schülers. Das Objekt der Dekontextualisierung, hier die Funktion der Nähmaschine, allgemein der Unterrichtsgegenstand, befindet sich dabei in einem Spannungsfeld zwischen Anpassung durch Änderung einerseits und Erhaltung seiner Eigenart andererseits. Man kann z.B. darüber diskutieren, ob die Vereinfachung der Funktion der Nähmaschine eine gelungene Anpassung an Unterrichtserfordernisse war oder ob wichtige Aspekte der Eigenart dieser Funktion bei dieser Anpassung verfälscht wurden.

3.1.3.3 Der situationsspezifische kontextualisierte Charakter einer Kompetenz bei der Anwendung durch seinen Besitzer

Hat ein Lernender eine bestimmte persönliche Kompetenz erworben, hier die mehr oder weniger umfangreiche Kenntnis der Funktion einer Nähmaschine, dann kann die Anwendung dieser Kenntnis in verschiedenen Situationen, also in verschiedenen Kontexten, geschehen. In der ersten Situation kommt er z.B. beim maschinellen Nähen mit seiner Kompetenz gut zurecht. Seine Kenntnis verhilft ihm, die Näharbeit gut durchzuführen. In einer zweiten Situation muss er eine Ziernaht nähen. Als er die Kenntnis der Funktion einer Nähmaschine lernte, stand diese Art von Naht nicht im Mittelpunkt der Unterweisung, sie wurde aber kurz erwähnt, ein Transfer von der Grundstruktur von Nähten auf diese spezielle Ziernaht wurde gebahnt. Nach einer anfänglichen Verständnisschwierigkeit kommt er mit der Ziernaht auch gut zurecht. In einer dritten Situation geht es um eine Naht, zu deren Realisation er mit seiner Kenntnis der Funktion einer Nähmaschine nicht in der Lage ist. Nun steht er vor einem Problem. Vielleicht tüftelt er solange, bis er das Problem gelöst hat, vielleicht zieht er dazu die Gebrauchsanweisung der Nähmaschine zurate.

Wenn es also um den kontextualisierten Charakter einer persönlichen Kompetenz geht, die eine bestimmte Person besitzt, dann ist das Objekt der Kontextualisierung seine diesbezügliche persönliche Kompetenz, nicht der Lerngegenstand, also die präskriptive Kompetenz! Bei der präskriptiven Kompetenz wird der Anwendungsbereich (in unserem Beispiel, welche Nähte der Lernende nähen kann) festgelegt. Die Kontexte sind hier verschiedene Anwendungen, die eine Person können soll, wenn sie die präskriptive Kompetenz erworben hat. Was hier diskutiert wird, hat bereits Piaget mit den Begriffen Assimilation und Akkommodation beschrieben (vgl. Abbildung 5).

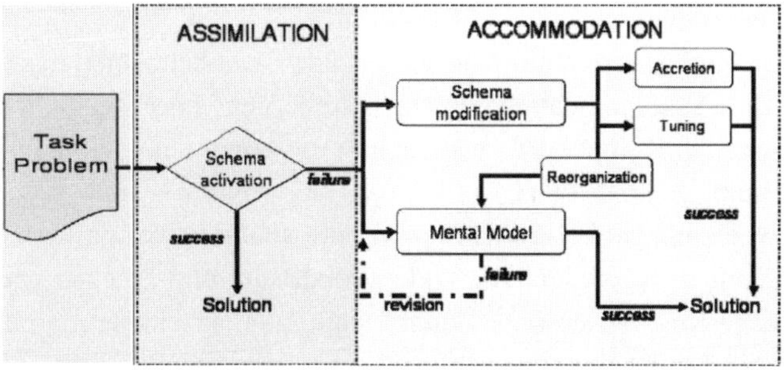

Abbildung 5: Kognitive Funktionen von Assimilation und Akkommodation (aus Seel, Ifenthaler & Pirnay-Dummer, im Druck)

Wenn eine bestimmte Aufgabe auszuführen ist, dann werden zunächst die betreffenden persönlichen Kompetenzen einer Person angesprochen. Die dabei relevanten Schemata werden aktiviert, es geschieht eine situationsspezifische Anpassung, die Piaget „Assimilation“ nennt. Die Variation der situativen Kontexte befindet sich in einem Rahmen, in dem diese Anpassung möglich ist. Ist diese Anpassung nicht mehr möglich, dann ist nach Piaget eine „Akkommodation“ notwendig. Die vorhandenen Schemata der persönlichen Kompetenz müssen modifiziert werden, das interne mentale Modell der Welt wird ggf. entsprechend geändert. Mit „mentalem Modell“ ist hier nicht nur eine visuelle Vorstellung gemeint, sondern der Begriff wird im Sinne der Theorie der mentalen Modelle verwendet, wie sie Seel beschreibt (1991, 2003).

Ob bei der Bewältigung einer Aufgabe eine Assimilation oder eine Akkommodation vorliegt, ist eine rein psychologische Fragestellung, die sich zunächst auf eine individuelle Person und ihre persönlichen Kompetenzen bezieht. Dabei kann die Variationsbreite der situativen Kontexte sehr verschieden sein und sie kann bislang nicht systematisch bestimmt werden. So erkennen im Allgemeinen Personen sehr unterschiedliche Gegenstände als Baum oder gar als Pflanze. Andererseits muss ein flehentlicher Blick um Hilfe nicht zwangsläufig erkannt werden. Wenn im Rahmen einer rationalen Aufgabenanalyse (dazu mehr in Abschnitt 3.1.5) eine präskriptive Kompetenz mit einem breiten situativen Verwendungskontext verlangt wird, dann ist es die Aufgabe einer psychologischen Analyse, zu prüfen, ob dies im Rahmen einer Assimilation geschehen kann und wie hoch der dazu nötige Lernaufwand ist.

Fazit dieser Überlegungen:
Werden persönliche Kompetenzen aus psychologischer Sicht betrachtet, dann ist festzuhalten: Da die Akkommodation zu einer Änderung einer persönlichen Kompetenz („persönliche Kompetenz", wie sie hier mit guten Gründen definiert wurde, vgl. Abschnitt 3.1.2.4) führt, sollte man sie, zumindest aus psychologischer Sicht, zweckmäßigerweise nicht zum kontextualisierten Charakter einer präskriptiven Kompetenz zählen! Die Akkommodation führt zu einer neuen persönlichen Kompetenz! Allerdings kann man zur Erleichterung eine Akkommodation bei einer bestimmten präskriptiven Kompetenz beachten, wenn man einen einschlägigen Lehr-Lern-Prozess konzipiert.

3.1.3.4 Erfassung situativer Kontexte in der Skill-Theory, einem entwicklungspsychologischen Kompetenzmodell

Aus dem gerade gezogenen Fazit folgt u.a., dass bei einer Kompetenz als Präskription mit normativem Charakter ihre Verwendungsbreite, das heißt die Größe der Variation der situativen Kontexte, innerhalb derer die Kompetenz angewendet werden kann, bereits bei der Definition der Kompetenz mit bedacht werden muss. Das hat folgenden Grund: Nur, wenn versucht wird die betreffende Verwendungsbreite im Lehr-Lernprozess erfolgreich zu erreichen, kann sie über eine Assimilation bewältigt werden. Würde eine Akkommodation benötigt werden, wäre sie nicht mehr die gleiche persönliche Kompetenz! Im Rahmen der von uns vorgenommenen Definition von persönlicher Kompetenz bedeutet dies daher, dass dieser Aspekt bereits bei der Formulierung der Aufgaben, welche die Kompetenz charakterisieren, berücksichtigt werden muss.

Wie sich die Größe der Variation der situativen Kontexte bei einem Lernenden herausbildet, hat Piaget bekanntlich mit seinem Ansatz des Aufbaus von Handlungsschemata untersucht. Verschiedene allgemeine Theorien der kognitiven Entwicklung haben daran angeknüpft. Besonders gut formalisiert ist die Skill-Theory von Kurt Fischer (1980).[6] Diese beschreibt ein Modell, wie sich die kognitive Fähigkeit entwickelt indem immer größere Variationen situativer Kontexte bewältigt werden und wie dies zur Steigerung geistiger Leistungsfähigkeit führt. Wir gehen hier auf die Theorie von Fischer deshalb ausführlicher ein, weil die dort realisierte Sichtweise für die Beschreibung und Analyse präskriptiver Kompetenzen nützlich sein kann.

---

6 Diese Theorie wird beschrieben in: Schott, F. (1990). Aktuelle Stufentheorien der Kognitiven Entwicklung. In: H. Hetzer, E. Todt, I. Seiffge-Krenke, R. Arbinger, F. Schott (Hrsg.). Angewandte Entwicklungspsychologie des Kindes- und Jugendalters; S. 126 Heidelberg: UTB Quelle und Meyer.

Kurt Fischer nennt seinen 1980 veröffentlichen Ansatz *„skill-theory"*. Dieser betrifft zunächst keine Kompetenzen im Sinne unserer Definition, sondern domänenunspezifische geistige Leistungsfähigkeit. Allerdings zeigt sich die Entwicklung dieser Leistungsfähigkeit durch den Erwerb domänenspezifischer Kompetenzen. Mit dem Namen skill-theory möchte Fischer zum Ausdruck bringen, dass er zwar annimmt, dass sich jede einzelne Fähigkeit nach seiner Stufentheorie fortentwickelt, dass sich aber nicht notwendigerweise alle Fähigkeiten gleichzeitig von Stufe zu Stufe weiterentwickeln. Hier lockert Fischer die Annahme aus Piagets Theorie, dass sich alle Teilfähigkeiten, zumindest im Prinzip, gleichzeitig fortentwickeln.

Das einfache Konzept der kognitiven Entwicklung heißt bei Fischer *„kognitive Kontrolle"*. Das Wort *„Kontrolle"* ist hier in seiner englischsprachigen Bedeutung gemeint, also nicht nur Überprüfung, sondern vor allem Steuerung im Sinne einer gezielten Einflussnahme. Unter dem Ausmaß der *„kognitiven Kontrolle"* versteht Fischer, wie viele Mengen von Variationen eine Person gleichzeitig berücksichtigen kann. Wir wollen uns dies nun anhand von Beispielen verdeutlichen. Der Einfachheit halber nehmen wir ein Beispiel aus der frühkindlichen Entwicklung (vgl. Abb. 6). Stellen wir uns ein Kleinkind in der Wiege liegend vor:

Situation 1: Ein Erwachsener hält einen roten Ball über die Wiege. Das Kind sieht den Ball an.

Situation 2: Nun führt der Erwachsene den Ball etwas zur Seite. Das Kind verfolgt den Ball mit den Augen.

Situation 3: Der Erwachsene bewegt den Ball noch weiter zur Seite. Das Kind verfolgt wieder den Ball mit den Augen und dreht dabei den Kopf.

Stufe		Name der Struktur	Sensu-motorische Hauptstufe	Repräsentationale Hauptstufe	Frühestes Alter des ersten Auftretens
1		Einzelne Menge	[A] oder [B]		ab 3–4 Monate
2		Verknüpfung	[A–B]		ab 7–8 Monate
3	Sensu-motorisch	System	$[A_{G,H} \leftrightarrow B_{G,H}]$		ab 11–13 Monate
4		System eines Systems gleichbedeutend mit einer einzelnen repräsentationalen Menge	$\begin{pmatrix} A \leftrightarrow B \\ \updownarrow \\ C \leftrightarrow D \end{pmatrix}$	= [R]	ab 20–24 Monate

Abbildung 6: Die Stufen 1 bis 4 in der Theorie Fischers (nach Schott, F. (1990)), Näheres im Text

Jede dieser Situationen 1, 2 und 3 sowie weitere entsprechende Situationen kann man als Elemente einer Menge von Variationen ähnlicher sensu-motorischer Koordinationsleistungen betrachten. Nennen wir diese Menge von Variationsmöglichkeiten Menge „[A]“. Auf „Stufe 1“ kann das Kind bei der sensu-motorischen Koordination jeweils nur eine einzige Menge von Variationen gleichzeitig kontrollieren. Deswegen heißt die Stufe 1 *„einzelne sensu-motorische Menge“*. Auch andere solcher Mengen können kontrolliert werden, z.B. die Menge [B], sie soll hier für die Fähigkeit *„einen Gegenstand bei Berührung zu erfassen“* stehen. Aber immer kann nur eine einzelne sensu-motorische Menge, also nur eine einzige Fähigkeit, zu einem Zeitpunkt realisiert werden.

Auf *„Stufe 2“* können zwei Variationsquellen, hier Menge [A] und Menge [B], aufeinander bezogen werden. Also z.B. einen Gegenstand anschauen und anfassen. Darum heißt diese Stufe *„sensu-motorisches Verknüpfen“*, weil aus mengentheoretischer Sicht die Menge der Variationen des Anschauens eines Gegenstandes, hier Menge [A], auf eine zweite Menge abgebildet wird, nämlich auf die Menge der Variation des Anfassens eines Gegenstandes, hier Menge [B]. Kurz gesagt, wird das Anschauen und Anfassen eines Gegenstandes miteinander koordiniert.

Diese Koordination nennen wir im Folgenden bewusst vereinfachend *„Spiel mit dem Ball“*.

„Stufe 3", „sensu-motorisches System", können wir bei unserem ersten Kennenlernen der Theorie Fischers auslassen, weil über eine Verfeinerung der Kompetenz hinaus nichts wesentlich Neues hinzukommt.

„Stufe 4", „System eines sensu-motorischen Systems", stellt die gleichzeitige Kontrolle zweier Verknüpfungen, hier die Verknüpfung Menge [A] mit Menge [B] und die Verknüpfung Menge [C] mit Menge [D], dar. Ein Kind kann z.B. die sensu-motorische Verknüpfung *„Spiel mit dem Ball"* (hier Verknüpfung Menge [A] bezogen auf Menge [B]) selbst ausführen. Zusätzlich beobachtet es eine andere Person beim Ballspiel (hier Verknüpfung Menge [C] mit Menge [D]). Nehmen wir nun an, das Kind kann sein Spiel dem Ballspiel der anderen Person zuordnen und dabei erkennen, dass beide Handlungen das Gleiche meinen, eben den Begriff *„Ball spielen"*. Wenn dies dem Kind nicht nur einmal gelingt, sondern wiederholt in vergleichbaren Situationen, dann ist Stufe 4 erreicht. Es gelingt nun, das Ballspielen durch einen Begriff zu repräsentieren: Stufe 4 heißt deswegen auch *„repräsentationale Menge"*.

Fischers Skill-Theory der kognitiven Entwicklung beschreibt die gesamte kognitive Entwicklung in insgesamt 10 Stufen, wobei die hier aufgezeigten formalen Prinzipien des Kompetenzaufbaus sich von Stufe fünf bis sieben und von Stufe acht bis neun wiederholen. Worauf es hier ankommt, ist folgendes: Diese deskriptive Skill-Theory bietet einen theoretisch fundierten Vorschlag an, wie sich Kompetenzen und deren Fortentwicklung beschreiben lassen.

Die Skill-Theory beschreibt also genau, wie sich der situative kontextuelle Charakter einer persönlichen Kompetenz entwickelt. Die situativen Variationen der Operationen des Kindes führen zur Herausbildung von Invarianten des Handelns: Beim Begriff „Ball spielen" kommt es nicht mehr darauf an, welcher Ball es ist und wer spielt. Entsprechendes wird von uns bei vielen Kompetenzen verlangt, z.B. wenn wir mit verschiedenen Autos in verschiedenen Umgebungen fahren können sollen. Es wäre der Mühe wert, eine Entwicklung einer präskriptiven Kompetenz im Lehr-Lern-Prozess, was die schrittweise Verbreiterung der situativen Kontexte betrifft, ähnlich wie bei der Skill-Theory zu modellieren und zu erproben. Das Problem der Definition der Breite der situativen Kontexte bei einer bestimmten präskriptiven Kompetenz bleibt dabei, wie bereits erörtert, unberührt.

3.1.3.5 Der ontogenesespezifische kontextuelle Charakter von Kompetenzen

Als wir eingangs die Grundstruktur von Kompetenzen behandelten, haben wir als dritte Eigenschaft von Kompetenzen genannt, dass diese Fähigkeiten mit einer gewissen Nachhaltigkeit vorhanden sein sollen, d.h. Kompetenzen sollten bei einer Person über längere Zeit erhalten bleiben. Dies ist der ontogenesespezifische Aspekt von Kompetenzen, dass nämlich zu beachten ist, dass eine langfristige Interaktion zwischen einer Kompetenz einer Person und ihrem Lebensweg stattfindet. Das ist so zu sagen eine personenspezifische situative Gegebenheit. Eine persönliche Kompetenz ist in der Regel nicht unveränderlich sonder formbar. Bezüglich unserer Unterscheidung zwischen deskriptiven und präskriptiven Kompetenzen gilt diese Feststellungen natürlich nur für deskriptive Kompetenzen. Dennoch sollte der Aspekt der Nachhaltigkeit bei der Bestimmung präskriptiver Kompetenzen beachtet werden. Dabei sind zwei Gesichtspunkte hervorzuheben:

1. Wenn es wichtig ist, dass der Kompetenzerwerb nachhaltig bleibt, dann muss dies bereits bei der Konstruktion des theoretischen Kompetenzmodells mit bedacht werden. Das heißt, dass zumindest die Teile einer Kompetenz, die langfristig erhalten bleiben sollen, beim Erwerb der Kompetenz besonders fest im Gedächtnis verankert werden müssen. Dies kann etwa durch verstärkte Übung oder vielfältige Verankerung in der individuellen Wissensstruktur geschehen.

2. Da eine nachhaltige Kompetenz nicht nur eine Angelegenheit einer Person ist, sondern auch der Situation in der sie sich befindet, ist die Förderung von nachhaltigen Kompetenzen nicht nur ein individuelles, sondern auch ein gesellschaftliches Problem. Die Umwelt muss so gestaltet werden, dass das Individuum eine Chance hat, seine Kompetenz zu erhalten. Wenn es z.B. bei der Mülltrennung keine gesellschaftliche Wertschätzung gibt, dann ist die Wahrscheinlichkeit, dass diese Kompetenz bei einem Individuum erhalten bleibt, gering.

Die Nachhaltigkeit einer Kompetenz hängt also nicht nur von der Person ab, die diese Kompetenz besitzt, sondern auch von dem situativen, insbesondere gesellschaftlichen Umfeld, in der diese Person die betreffende Kompetenz ausüben soll.

3.1.4 Zur Spezifität von Kompetenzen zwischen allgemeinen Bildungszielen und detaillierten Lernzielen einer Unterrichtseinheit

Ein nicht zu unterschätzendes Problem bei der Realisation überprüfbarer Bildungsstandards betrifft die Frage, wie detailliert die betreffenden präskriptiven Kompetenzen bestimmt werden sollen. Nehmen wir das Fach Mathematik als Beispiel. Formuliert man die übergeordneten Bildungsziele, dann ist es nicht möglich und auch für die Kommunikation darüber nicht dienlich, dabei alle einzelnen Aufgaben aufzuzählen, die Schüler lösen können, wenn sie das übergeordnete Bildungsziel erreicht haben. Andererseits kann man für solche übergeordneten Bildungsziele die Inhaltsvalidität der Aufgaben, die das Erreichen dieser Ziele prüfen sollen, nicht gewährleisten. Dies haben wir bereits in Abschnitt 3.1.2.2 angesprochen, als es darum ging, dass bei einer genauen Definition einer Kompetenz die Angabe der betreffenden Menge von Aufgaben im Zweifelsfall nicht hintergehbar ist.

Im Internet fanden wir folgende Forderung: „Bildungsstandards sollten dabei so formuliert werden, dass sie einer empirischen Prüfung zugänglich sind. Diese Formulierung vollzieht sich in einem Dreischritt“[7]. Dazu wurde folgende Abbildung gezeigt (vgl. Abbildung 7):

7 Als Quelle dieses Zitats und der Abbildung 7 wurde angegeben: Klieme, E. et al. (2003): Expertise: Zur Entwicklung nationaler Bildungsstandards. Nachdem wir diese Abbildung in der genannten Quelle nicht fanden, fragten wir bei Eckhard Klieme nach. Er schrieb uns am 19.09.2006: „Die von Ihnen angesprochene Abbildung ist in der Expertise nicht enthalten, illustriert deren Begrifflichkeit aber gut. Ich habe keine Ahnung, wer die Darstellung entwickelt hat.“ Sie stamme vermutlich aus Kreisen der Kultusministerkonferenz.

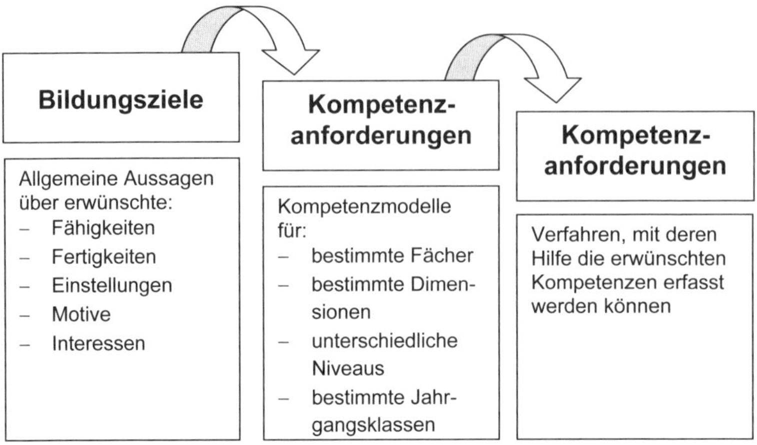

Abbildung 7: Dreischritt, um Bildungsstandards einer empirischen Prüfung zugänglich zu machen, Erläuterungen im Text

Zu diesem Dreischritt ist Folgendes anzumerken:

- Die drei Stationen erinnern an die Dreiteilung: Richt-, Grob- und Feinziele.
- Logisch unmöglich ist die Ableitung von untergeordneten Zielen oder Kompetenzen aus übergeordneten Zielen oder Kompetenzen.
- Der Dreischritt erinnert an den Wunsch nach formaler Bildung, deren Realisierung nach Erkenntnissen der Transfer- und Trainingsforschung ziemlich unrealistisch ist.
- Bei der Entwicklung dürfte es zwischen den drei Stationen Interaktionen geben, und zwar mit verstärktem Ausgangspunkt bei den Aufgabenstellungen. So kann die Betrachtung einzelner Aufgaben die Revision des betreffenden Kompetenzmodells erforderlich machen.
- Es bleibt offen, ob es sich bei der Konstruktion von Kompetenzmodellen um eine genaue Bestimmung der präskriptiven Kompetenz oder um eine psychologische Modellierung derselben handelt (vgl. dazu Abschnitt 3.1.2.2).

Betrachten wir das Problem der Spezifität von Kompetenzen zwischen allgemeinen Bildungszielen und detaillierten Lernzielen einer Unterrichtseinheit an dem schon erwähnten Beispiel der „Bildungsstandards im Fach Mathematik für den Mittleren Schulabschluss".[8] Zur Strukturierung dieser Bildungsstandards werden drei Dimensionen vorgeschlagen:

1. Dimension: die allgemeinen mathematischen Kompetenzen (kurz: Kompetenzen):

- Mathematisches argumentieren
- Probleme mathematisch lösen
- Mathematisch modellieren
- Mathematische Darstellungen verwenden
- Mit Mathematik symbolisch/formal/technisch umgehen
- Mathematisch kommunizieren

2. Dimension: die inhaltlichen Leitideen:

- Zahl
- Messen
- Raum und Form
- Funktionaler Zusammenhang
- Daten und Zufall

3. Dimension: die Anforderungsbereiche:

- I. Reproduzieren
- II. Zusammenhänge herstellen
- III. Verallgemeinern und reflektieren

Die sechs Kompetenzen, fünf inhaltlichen Leitideen und drei Anforderungsbereiche ergeben 6 mal 5 mal 3, also 90 verschiedene Aufgabentypen.

Die Menge aller behandelten und zu beherrschenden Aufgaben in der Mathematik der Sekundarstufe I wird also mittels der drei oben genannten Dimensionen auf diese 90 Aufgabentypen reduziert. Hierzu lässt sich Folgendes anmerken:

---

8 Beschlüsse der Kultusministerkonferenz, Beschluss vom 04.12.2003.

- Die erste Dimension entspricht dem Verhaltensaspekt und die zweite Dimension dem Inhaltsaspekt der schon erwähnten Tyler-Matrix.
- Jede der 90 Aufgabentypen bestimmt eine präskriptive Kompetenz.
- Da es hier zunächst um präskriptive Kompetenzen, nicht aber um persönliche Kompetenzen geht, ist es ein empirisches Problem, ob und inwieweit sich diese präskriptiven Kompetenzen bei Schülern als persönliche Kompetenzen realisieren lassen – und zwar im Sinne des Gütekriteriums des präskriptiven Forschungsaspekts, der Effizienz.
- Ein schulpraktisches Problem ist es, ob die betreffenden Lehrkräfte die 90 verschiedenen präskriptiven Kompetenzen unterrichten können beziehungsweise wollen.
- Ob der gewünschte Output erreicht wird, ist schließlich eine deskriptive psychologische Frage, ob sich nämlich die 90 verschiedenen Kompetenzen als Output in Mathematik der Sekundarstufe I bei den betreffenden Schülern hinreichend finden und unterscheiden lassen.

Diese Überlegungen richten sich nicht gegen eine Strukturierung von Bildungsstandards, sondern wollen nur die hier geforderte Aufgabe veranschaulichen. Auch ohne Bildungsstandards werden solche Strukturierungen vorgenommen, oft implizit, und daher weniger diskutierbar und kritisierbar als explizite Vorschläge, wie z.B. der eben erläuterte.

3.1.5 Die Präzisierung einer Kompetenz im Bildungswesen mittels semantischer, rationaler, psychologischer und empirischer Aufgabenanalysen

Akzeptiert man die oben getroffene Festlegung, dass jede Kompetenz genau beschreibbar ist durch die Angabe einer Menge von Aufgaben und der Nennung der betreffenden Kompetenzgrade, dann ist die Bestimmung präskriptiver Kompetenzen ein Problem der Aufgabenanalyse. Dabei ist es zweckmäßig, vier Arten von Aufgabenanalysen zu unterscheiden, die wir „semantische", „rationale", „psychologische" und „empirische Aufgabenanalyse" nennen.

Im Falle der Rekonstruktion einer fachspezifischen Kompetenz bestimmt die **semantische Aufgabenanalyse** aus der Sicht der betreffenden Fachvertreter, was mit der betreffenden Kompetenz begrifflich gemeint ist. Die **rationale Auf-**

gabenanalyse ergibt, ebenfalls aus der Sicht der Fachvertreter, aus welchen Mengen von Aufgaben genau die Kompetenz besteht und wie diese Aufgaben gelöst werden. Die **psychologische Aufgabenanalyse** hat zum Ergebnis, wie bestimmte Aufgaben bzw. eine bestimmte Kompetenz unter der Annahme bestimmter psychologischer Prozesse von einer Person mit bestimmten Eigenschaften gelernt oder bearbeitet werden können. Die **empirische Aufgabenanalyse** schließlich bestimmt, was diese Person tatsächlich tut, wenn sie die Aufgaben, welche die Kompetenz charakterisieren, löst. Wenn Fachdidaktiker eine Kompetenz beschreiben, dann legen sie zunächst fest, worin diese Kompetenz aus der Sicht einer semantischen und rationalen Aufgabenanalyse besteht. Das Ergebnis ist eine Festlegung der Kompetenz, die zur Überprüfung der fachdidaktischen Validität dienen kann, wenn die betreffende Kompetenz einer psychologischen und empirischen Aufgabenanalyse unterzogen wird. Oft fließen bei einer fachdidaktischen Analyse auch Aspekte einer psychologischen Aufgabenanalyse ein. Dennoch ist es nützlich, die angesprochenen vier Arten von Aufgabenanalyse bei der Entwicklung von Kompetenzmodellen zu trennen.

Nehmen wir als Beispiel zur Unterscheidung der verschiedenen Aufgabenanalysen die Kompetenz, Schach spielen zu können. Im Sinne einer semantischen Aufgabenanalyse kann sehr genau beschrieben werden, was unter der Kompetenz „Schachspielen können" gemeint ist: die Struktur des Spielbretts, Art und Anzahl der Figuren, das Spielziel und die Spielregeln. Im Sinne einer rationalen Aufgabenanalyse kann ein Schachexperte angeben, allgemein, wie man gut Schach spielt und speziell, welcher Zug bei einer bestimmten Spielsituation ratsam ist. Im Sinne einer rationalen Aufgabenanalyse kann auch ein Computerprogramm zum Schachspielen programmiert werden. Sieht man einmal von spezifisch psychologischen Aspekten eines Menschen ab, dann ist dieses Computerprogramm ein (software-spezifisches) Kompetenzmodell für das Schachspielen. Psychologische Untersuchungen haben aber gezeigt, dass die Informationsverarbeitung bei einem Schachspielprogramm anders ist als bei einem Schach spielenden Menschen. Während das Schachspielprogramm in einer viel höheren Informationsverarbeitungsgeschwindigkeit als beim Menschen, vereinfacht gesagt, die möglichen Alternativen in einer Spielsituation durchgeht und sich dann für einen Zug entscheidet, hat der Schachexperte gelernt, bestimmte Spielkonstellationen ganzheitlich zu bewerten. Dafür brauchte er allerdings erhebliche Lernzeit. Die Vorgehensweise eines bestimmten Schachexperten ist also auch ein Kompetenzmodell, allerdings eines, das durch eine psychologische Aufgabenanalyse behauptet und durch eine empirische Aufgabenanalyse geprüft wurde. Es hat dieselbe Kompetenz, nämlich Schachspielen können, zum Gegenstand, wie das betreffende Computerprogramm, unterscheidet sich aber erheblich von letzterem, das durch eine Softwareanalyse beschrieben werden kann. Die Vorgehensweise des Schachexperten kann im Sinne einer psychologischen Aufgabenanalyse beschrieben werden, indem man bestimmte psychologische Prozesse und Bedingungen annimmt, welche die Vorgehensweisen eines Schachspielers, ggf. mit einer bestimmten Expertise, hervorbringen. Ob diese Beschreibung tatsächlich zutrifft, lässt sich im Sinne einer empirischen Aufgabenanalyse überprüfen, indem man diesen Schachexperten Schach spielen lässt und mittels der betreffenden Performanz prüft (einschließlich Befragung oder lautem Denken), ob dieser im Sinne der aus der Sicht bestimmter psychologischer Theorien entwickelten psychologischen Aufgabenanalyse Schach spielt. Im Fall einer empirischen Aufgabenanalyse eines bestimmten Schachspielers erhält man eine individuelle Vorgehensweise, während die rationale und psychologische Aufgabenanalyse meist Typen von Vorgehensweisen beschreiben. Dieser Aspekt verweist auf die Problematik, wie viele beobachtete individuelle Vorgehensweisen notwendig sind, um eine psychologische Aufgabenanalyse zu bestätigen und wie ähnlich diese Vorgehensweisen dabei sein müssen.

Die vier Arten der Aufgabenanalyse bei der Kompetenzbestimmung stehen in einem Zusammenhang, der in Abbildung 8 verdeutlicht wird. Bei einer schrittweisen Präzisierung einer Kompetenz können beim nächsten Schritt die Ergebnisse der einzelnen Aufgabenanalysen Rückwirkungen auf die vorangegangenen Aufgabenanalysen haben. So kann z.B. das Ergebnis einer empirischen Aufgabenanalyse zu einer Korrektur der psychologischen Aufgabenanalyse führen. Der Revision der semantischen und rationalen Aufgabenanalyse sind allerdings Grenzen gesetzt, die durch die Vorgaben des bestimmten Fachinhalts festgelegt werden.

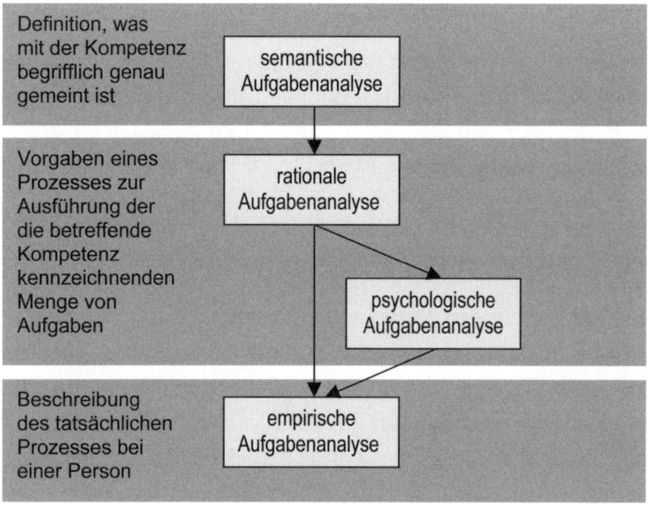

Abbildung 8: Der Zusammenhang zwischen semantischer, rationaler, psychologischer und empirischer Aufgabenanalyse bei dem ersten Schritt der Kompetenzbestimmung

3.2 Verwendungszusammenhang von Kompetenzen

3.2.1 Kohärente Gestaltung der Verbindung zwischen curricularen Anforderungen, fachspezifischen Zusammenhängen, kognitionspsychologischen Modellen und konkreten Aufgabensammlungen bei Kompetenzen

Im Rahmen der Bestimmung des Begriffs „theoretische Kompetenzmodelle“ stellen die Antragsteller des DFG SPP Kompetenzdiagnostik (Klieme & Leutner, 2006, S. 7) fest:

> „Eine theoriegeleitete Modellierung hat den Vorteil, dass die Verbindung zwischen curricularen Anforderungen, fachspezifischen Zusammenhängen, kognitionspsychologischen Modellen und konkreten Aufgabensammlungen kohärenter gestaltet werden kann.“

Dabei ist zu fragen:

1. Was ist zu beachten, damit die Verbindung zwischen curricularen Anforderungen, fachspezifischen Zusammenhängen, kognitionspsychologischen Modellen und konkreten Aufgabensammlungen kohärenter als bisher gestaltet werden kann?

2. Wie muss eine Theorie beschaffen sein, die eine entsprechende Modellierung eines theoretischen Kompetenzmodells leistet?

Die erste Frage spricht den Verwendungszusammenhang von Kompetenzen im Bildungswesen an. „Fachspezifische Zusammenhänge" beziehen sich auf die Anforderung, dass Kompetenzen im Fachunterricht fachspezifischen Kriterien genügen sollen. Dies wird in unserem Ansatz *ComTrans* im Rahmen der semantischen und rationalen Aufgabenanalyse berücksichtigt. „Curriculare Anforderungen" sollen sicherstellen, dass die zu vermittelnde Kompetenz den Anforderungen eines Lehrplans genügt. So kann z.B. in der Physik bei der Mechanik gefordert werden, dass die Schüler bei dieser Thematik zusätzlich ein Verständnis für physikalische Experimente entwickeln. Dieses Verständnis ist kein Fachinhalt der Physik, sondern der Fachdidaktik. Dies ist ebenfalls im Rahmen unseres Ansatzes durch die semantische und rationale Aufgabenanalyse abgedeckt. „Kognitionspsychologische Modelle" beziehen sich auf den psychologischen Aspekt der Modellierung theoretischer Kompetenzmodelle, sie werden in unserem Ansatz durch die psychologische Aufgabenanalyse berücksichtigt. Die konkreten Aufgabensammlungen schließlich beziehen sich auf die Aufgaben, die im Unterricht behandelt werden und die Aufgaben, die für die Kompetenzdiagnostik benutzt werden. Dies lässt sich bei unserem Ansatz gut verwirklichen, weil unser Kompetenzbegriff sich explizit auf Aufgaben bezieht und weil wir zur Aufgabenanalyse die bewährten Aufgabenanalyseverfahren GRIP und PLANA zur Verfügung haben und mit dem Kriterium der parallelen Kontentvalidität in PLANA hinreichend gut sicherstellen können, dass die Lernenden die Chance haben, während des Unterrichts das zu lernen, was sie hinterher können sollen (vgl. dazu Abschnitt 3.5).

Darüber hinaus sind die Probleme zu beachten, welche die Spezifität von Kompetenzen zwischen allgemeinen Bildungszielen und detaillierten Lernzielen einer Unterrichtseinheit betreffen (vgl. Abschnitt 3.1.4).

3.2.2 Die Bedeutung der Effizienz

Die Güte der Vermittlung von fachspezifischen Kompetenzen in der Schule, in der Berufsausbildung sowie in der Fort- und Weiterbildung ist heute ein entscheidender Faktor für das nationale und individuelle Wohlergehen. Gute Bildung hängt u.a. von der Güte des jeweiligen Unterrichts ab, der zur Vermittlung des betreffenden Bildungsgutes durchgeführt wird. Ein unverzichtbares Gütemerkmal des Unterrichts ist – wie bei jeder praktischen Handlung – die Effizienz (vgl. Abschnitt 3.1.2.4). Ein Unterricht ist in dem Maße effizient, indem er:

1. effektiv ist, d.h. den angestrebten Effekt hinreichend erreicht. Dies bedeutet, dass er *valide bezüglich der angestrebten präskriptiven Kompetenz ist* (wir sprechen hier auch davon, dass der Unterricht *Lehrstoff-valide* ist[9]), d.h., dass die Unterrichtsteilnehmer nach dem Unterricht die angestrebte präskriptive Kompetenz in dem geforderten Kompetenzgrad beherrschen

2. *Ressourcen-schonend* ist, d.h., dass der Unterricht sein Ziel mit einem guten Kosten-Nutzen-Verhältnis ohne schädliche Nebenwirkungen erreicht.

Die Effizienz eines Unterrichts lässt sich somit steigern, indem sowohl die erste als auch optimaler Weise die zweite Forderung bei der Gestaltung des Unterrichts hinreichend Berücksichtigung finden. Insbesondere Letztere zielt auf die Verbesserung des jeweiligen Lehr-Lern-Prozesses ab. Die Forschung und die praktische Erfahrung zeigen, dass Schüler besser lernen, wenn sie motiviert sind. Wenn jedoch alle Empfehlungen der modernen Lehr-Lern-Forschung wie etwa hohe Motivation, problemorientiertes, kooperatives, situiertes Lernen usw. in der Praxis umgesetzt werden können, aber die erste Forderung nach Effektivität bzw. Lehrstoffvalidität nicht erreicht wird, dann hat der Unterricht das angestrebte Ziel der Lehrstoffvermittlung verfehlt.

Die Beachtung der Effizienz ist für die Vermittlung präskriptiver Kompetenzen von grundlegender Bedeutung. Ein theoretisches Kompetenzmodell, das eine präskriptive Kompetenz mit einem Zeitaufwand vermittelt, der unrealistisch ist, ist praktisch wertlos.

---

9 Aus unserer Sicht wird ein Lehrstoff bestimmt durch die Angabe der Menge der Aufgaben, die man lösen kann, wenn man den Lehrstoff beherrscht und des betreffenden Kompetenzgrads. So gesehen hat jeder Lehrstoff nicht nur einen Inhaltsaspekt, sondern auch einen Verhaltensaspekt. Wird dem Lehrstoff die Intention hinzugefügt, dass bestimmte Adressaten sich ihn aneignen sollen, dann sprechen wir von einem Lehrziel (vgl. Kapitel 4, insbesondere Abschnitt 4.3).

3.3 Zielführende Entwicklung und Überprüfung eines theoretischen Kompetenzmodells – Möglichkeiten und Grenzen

Im Folgenden gehen wir der Frage nach wie eine zielführende Entwicklung und Überprüfung eines theoretischen Kompetenzmodells (im Folgenden kurz: TKM) im Sinne von *ComTrans* durchgeführt werden sollte. Dazu klären wir zunächst, welchen methodologischen Bedingungen die Entwicklung von Verfahren zur Rekonstruktion von Kompetenzmodellen und zum kompetenzorientierten Unterricht unterliegt, was wir unter TKM genau verstehen, betrachten dann den Wissenstransfer bei Kompetenzen im Fachunterricht und überlegen uns, wie TKM diesen Wissenstransfer verbessern können. Dabei spielt bei *ComTrans* die Erstellung von Eigenschaftsprofilen für Kompetenzen bei der Entwicklung von TKM eine wichtige Rolle. So – und wir meinen, nur so – kann die Gültigkeit eines TKM hinreichend überprüft werden. Schließlich befassen wir uns mit der Erfassung individueller Lernergebnisse und der Bilanzierung von Bildungsprozessen mittels vorliegender und neu zu entwickelnder Messmodelle.

3.3.1 Methodologische Bedingungen für die Entwicklung und Überprüfung von Verfahren zur Rekonstruktion von Kompetenzmodellen und zum kompetenzorientierten Unterricht

Im Bildungswesen zu vermittelnde Kompetenzen sind, wie gesagt, präskriptive Kompetenzen. Wir haben dazu im Abschnitt 3.1.2.4 auf die wichtige Unterscheidung zwischen präskriptiver Kompetenz und persönlicher Kompetenz hingewiesen und dabei den Unterschied zwischen deskriptivem, präskriptivem und normativem Forschungsaspekt erläutert. Ein Verfahren zur Rekonstruktion von Kompetenzmodellen für präskriptive Kompetenzen ist eine Handlungsanweisungen, also eine Präskription, die ihrerseits vor allem vom präskriptiven Forschungsaspekt aus zu betrachten ist.

Wenn wir hier auf die methodologischen Beziehungen für die Entwicklung und Überprüfung von Verfahren zur Rekonstruktion von Kompetenzmodellen und zum kompetenzorientierten Unterricht eingehen, dann wollen wir keine ausführliche wissenschaftstheoretischen Untersuchungen anstellen, sondern lediglich auf zwei Aspekte hinweisen:

1. Ein komplexer wissenschaftlicher Zusammenhang lässt sich nicht durch bloßes additives Zusammenfügen von Einzelbefunden erforschen.

2. Die Methodologie zur Entwicklung komplexer Handlungsanweisungen unterscheidet sich essenziell von der Methodologie deskriptiver Grundlagenwissenschaften.

Zum ersten Punkt:
Einerseits ist es notwendig, den Menschen als Gesamtsystem zu betrachten, wenn man sein Verhalten, Handeln und Erleben erklären will. Die gegenwärtige psychologische Forschung ist andererseits von einer großen Diversifikation von speziellen Forschungsfragen gekennzeichnet. Es besteht dabei die Gefahr, dass man den Wald vor lauter Bäumen nicht mehr sieht. Bei einer Zusammenkunft der Antragsteller zum Schwerpunktprogramm Kompetenzdiagnostik der Deutschen Forschungsgemeinschaft fragte einer eben jener Antragsteller, ob ein Antrag Chancen auf eine Genehmigung habe, der sich nicht darauf beschränkt, ein Kompetenzmodell für einen einzelnen Unterrichtsgegenstand in einem bestimmten Fach zu entwickeln und empirisch zu überprüfen, sondern der versucht, ein Verfahren zur Rekonstruktion von verschiedenen Kompetenzmodellen zu konzipieren und zu evaluieren. Die Antwort einer der Promotoren dieses Schwerpunktprogramms war: ein solches Vorhaben sei verfrüht. So etwas könne man erst in Angriff nehmen, wenn ersichtlich sein wird, was bei den einzelnen Untersuchungen spezieller Kompetenzmodelle herausgekommen ist – dies sei frühestens in ein paar Jahren nach Abschluss des Schwerpunktprogramms zu erwarten. Die Sichtweise, die bei dieser Antwort zum Ausdruck kommt, ist unseres Erachtens nicht zielführend – auch nicht in der deskriptiven Grundlagenwissenschaft! „Das wäre so, als würden viele Handwerker an vielen Stellen beginnen den Kölner Dom zu bauen ohne eine Gesamtkonzeption zu bedenken“ meinte Dietrich Dörner im Gespräch mit einem der Autoren dieses Buches, als methodologische Probleme der Psychologie diskutiert wurden.

Zum zweiten Punkt:
Die eben genannte Problematik verschärft sich noch, wenn es um die Entwicklung komplexer Handlungsanweisungen geht, also wenn der präskriptive Forschungsaspekt besonders relevant wird. Nehmen wir als Beispiel die Entwicklung der Verfahrensweisen, ein Auto herzustellen. Hier sind viele Aspekte zu beachten: Erkenntnisse der betreffenden Grundlagenwissenschaften (Physik und Chemie), der betreffenden angewandten Wissenschaften (z.B. Materialkunde und Maschinenbau), die Wünsche der Autokäufer, die Erfahrungen mit den bisher gefertigten Autos, usw. Nicht anders ist es bei der Entwicklung einer komplexen Handlungsanweisungen zur Rekonstruktion von Kompetenzmodellen und zum dazugehörigen kompetenzorientierten Unterricht. Empirische Befund

einzelner voneinander isolierten Untersuchungen im Sinne des deskriptiven Forschungsaspekts sind nicht hinreichend, um wissenschaftlich begründet eine solche Handlungsanweisungen zu entwickeln. Vielmehr müssen hier weitere Faktoren berücksichtigt werden: welche Kriterien die mithilfe der Handlungsanweisung zu konstruierenden Kompetenzmodelle erfüllen sollen; welche Effizienz dabei zu fordern ist, ob z.B. eine empirische Itemselektion bei der Testkonstruktion fachdidaktischer Überlegungen überstimmen darf; wie praktikabel die Handlungsanweisungen sind (wenn es z.B. nicht möglich ist, die vielen Kompetenzmodelle durch Experten zu entwickeln, die notwendig sind, wenn im Rahmen der Profilierung der einzelnen Schulen diese einen Teil des Lehrplans selbst festlegen); usw.

Eine wichtige Motivation, *ComTrans* zu entwickeln war für und die ausgeführten Bedenken nicht nur als Kritik zu äußern, sondern ihnen in einem eigenem konstruktiven Vorschlag Rechnung zu tragen.

3.3.2 Wichtige Aspekte bei der Rekonstruktion von Kompetenzmodellen

3.3.2.1 Was aus unserer Sicht unter einem theoretischen Kompetenzmodell verstanden werden sollte

Wenn ein Modell von präskriptiven Kompetenzen durch eine semantische und rationale Aufgabenanalyse erstellt wird, dann bleiben wir bei der Bezeichnung Kompetenzmodell (kurz KM). „Theoretisches Kompetenzmodell" (TKM) nennen wir ein solches Modell erst dann, wenn die psychologische und empirische Aufgabenanalyse, gegebenenfalls weitere empirische Untersuchungen und die Konstruktion eines dazugehörigen Verfahrens zu Feststellung des Lernerfolgs[10], zu dem KM erfolgreich durchgeführt wurden. Ein TKM besteht u.A. aus:

- den fachdidaktischen Vorgaben, präzisiert durch eine semantische und rationale Aufgabenanalyse, die in dem zugehörigen Eigenschaftsprofil ihren Niederschlag finden,
- eine hinreichende Berücksichtigung, dass eine zu vermittelnde Kompetenz eine Präskription mit normativen Charakter ist, die in der Regel nachhaltig den Lernenden eigen sein soll,

---

10 Wir sprechen hier von „Verfahren zu Feststellung des Lernerfolgs" und nicht von „Messmodellen", „Messverfahren" oder von „Tests", weil wir der begründeten Ansicht sind, dass eine Messung im Sinne einer Zuordnung einer Zahl zu einer Leistung bei der Lernerfolgskontrolle nicht immer notwendig ist.

- weiteren Aspekte des zugehörigen Eigenschaftsprofils,
- der genauen Beschreibung der betreffenden Aufgabenklassen und Kompetenzgrade,
- den Kennwerten der Verfahrens zu Feststellung des Lernerfolgs, ggf. der Vernetzungsdichte der Aufgabenklassen, der Quantifizierung von Inhalts- und Verhaltensaspekt der Teilkompetenzen, usw.

Ein TKM kann nicht unmittelbar im Fachunterricht verwendet werden. Vielmehr muss dazu für die Hand des Lehrers ein abgeleitetes „Lehrer-Kompetenzmodell“ (vgl. den folgenden Abschnitt) entwickelt werden mit Lehr-, Übungs- und Testmaterialien. Das TKM und sein Eigenschaftsprofil dienen dann dazu, die Gültigkeit des betreffenden Lehrer-Kompetenzmodells zu überprüfen.

3.3.2.2 Der Wissenstransfer bei Kompetenzen im Fachunterricht

Der Wissenstransfer im Fachunterricht vollzieht sich – vereinfacht dargestellt – von den Fachwissenschaften über die Fachdidaktiken und über die Lehrer zu den Schülern. Abbildung 9 bildet dabei nicht jeden Fall des Wissenstransfers bei Kompetenzen im Fachunterricht ab, vielmehr sollen mögliche Stationen idealtypisch angesprochen werden. Betrachten wir zunächst den Wissenstransfer ohne TKM. Eine Fachwissenschaft, z.B. die Physik, steuert das Fachwissen etwa über die Mechanik bei. Gewöhnlich ändern fachdidaktische Überlegungen das fachwissenschaftliche Wissen nicht in seinen wesentlichen Bestandteilen. Nimmt man die Didaktik als Fachwissenschaft hinzu, so kann das zu vermittelnde Fachwissen mit außerfachlichen Aspekten angereichert werden, z.B. das sorgfältige Darstellen von Zeichnungen oder die Fähigkeit zu diskutieren. Daher wurde dies in der Abbildung 9 als „didaktische Ziele“ in Klammern hinzugefügt. Entsprechend wird das Fachwissen einer bestimmten Fachwissenschaft von Didaktikern dieses Faches für eine bestimmte Gruppe von Lernenden aufbereitet. Dies kann neue Aspekte an das betreffende Fachwissen herantragen. So können z.B. bestimmte fachliche Aspekte durch eine sogenannte „didaktische Reduktion“ vereinfacht oder Bezüge zu außerfachlichen Sichtweisen gestiftet werden. Diese Aufbereitung stellt ein mehr oder weniger elaboriertes, explizit formuliertes oder implizit gedachtes KM dar – also ein Modell einer präskriptiven Kompetenz, wie bestimmte Lernende mit einem bestimmten Ausschnitt des betreffenden Faches umgehen sollen. Wir nennen dieses Kompetenzmodell KM_{Fx}, wobei KM für „ Kompetenzmodell“, F für „Fachdidaktik“, x für den betreffenden Themenbereich, z.B. Mechanik in der Physik, steht. Ein solches fachdidaktisches Kompetenzmodell beschreibt die explizit formulierten oder implizit gemeinten Vorstellungen und Überlegungen der Experten zu der betreffenden präskriptive Kompetenz. Es ist eine Festlegung einer bestimmten Menge von Aufgaben, die beschreibt, was bestimmte Lernende zu welchem Zweck und gegebenenfalls in welcher Weise lernen sollen, sowie, wie die einzelnen Aspekte der betreffenden Kompetenz zusammenhängen und begründet sind.

Zu dieser strukturierten Aufgabenmenge, diesem Kompetenzmodell, wird die intendierte Schülerkompetenz der Fachdidaktik, in unserem Beispiel K_{Fx}, formuliert. Die betreffende Performanz P_{Fx} ist durch die Angabe der betreffenden Aufgabenmenge bereits berücksichtigt. Fachdidaktische Kompetenzmodelle finden auch mehr oder weniger in Schulbüchern ihren Niederschlag.

Ein Lehrer kann in der Regel schon allein aus Zeitgründen solche fachdidaktischen Kompetenzmodelle und die Materialien, mit denen er die betreffende Kompetenz vermittelt, nicht selbst ausarbeiten. Vielmehr benötigt er diesbezüglich didaktische Hinweise und Unterrichtsmaterialien, wenn er die Kompetenz K_{Fx} zum Kompetenzmodell KM_{Fx} in seinem Unterricht unterrichten will. Der Lehrer konstruiert sich aus dem Kompetenzmodell KM_{Fx}, soweit es ihm zugänglich ist, seine Sicht dieses Kompetenzmodells, wir nennen dies das betreffende Kompetenzmodell aus der Sicht des Lehrers L, hier KM_{Lx}, vom betreffenden fachdidaktischen Kompetenzmodell KM_{Fx}.

Der Lehrer vermittelt KM_{Fx}, das er sich – wenn überhaupt – in Form von KM_{Lx} rekonstruiert hat, an seine Schüler. Bei einem Schüler kann nun eine schülerspezifische Sichtweise zu der vermittelten Kompetenz entstehen, wir nennen dieses Kompetenzmodell KM_{Sx}. Im Idealfall stimmen K_{Fx} und K_{Lx} sowie die von den Schülern erworbene Kompetenz K_{Sx} überein, zumindest was das beobachtbare Verhalten, die betreffenden Performanzen P_{Fx}, P_{Lx}, und P_{Sx} betrifft. Im Realfall ist eine solche Übereinstimmung keineswegs immer gegeben.

Mögliche Fehlentwicklungen sind z.B.:

> Die Schüler können sich bei der Aufnahme des betreffenden Lehrstoffs nicht auf ein tieferes Verständnis, sondern auf solche Aspekte konzentrieren, von denen sie meinen, dass sie diese in der Prüfung wissen müssen. Der finnische pädagogische Psychologe Erno Lethinen (1994, S. 148ff.) nennt dies „Kulissenlernen“.

Der Lehrer kann den betreffenden Lehrstoff nur oberflächlich behandeln, sei es, dass er KM_{Fx}, und/oder K_{Fx} nicht richtig verstanden hat, sei es, dass er all dies richtig verstanden, aber für die Behandlung dieses Lehrstoffs nicht hinreichend Zeit hat. Wir nennen dies „Kulissenlehren".

Schließlich kann entsprechendes bei der Erstellung des fachdidaktischen Kompetenzmodells geschehen, wir nennen dies „Kulissenmodellieren".

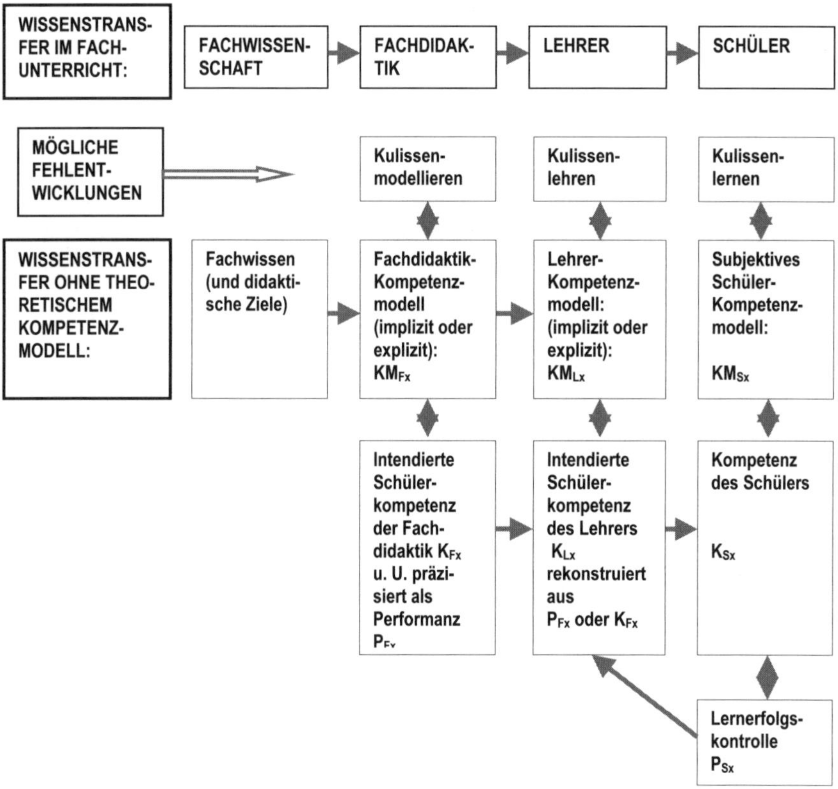

Abbildung 9a: Wissenstransfer im Fachunterricht ohne TKM, Näheres im Text

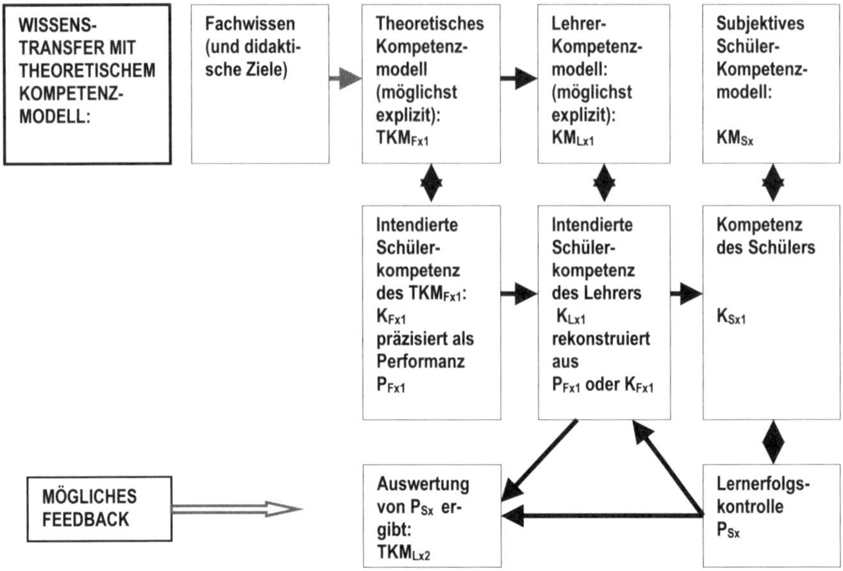

Abbildung 9b: Wissenstransfer im Fachunterricht mit TKM, Näheres im Text

3.3.2.3 Inwiefern theoretische Kompetenzmodelle den Wissenstransfer im Fachunterricht verbessern können

Wie können nun TKM, die als Kernbereich des DFG SPP Kompetenzdiagnostik besonders hervorgehoben sind, den Wissenstransfer im Fachunterricht verbessern? Die Ausschreibung des DFG SPP Kompetenzdiagnostik gibt über die eingangs zitierte Beschreibung hinaus keine weiteren Hinweise über den Aufbau eines TKM – wohl in der Absicht, verschiedener Herangehensweisen in der Forschung zu ermöglichen. Wir haben uns für eine bestimmte Herangehensweisen entschieden und dazu den Ansatz *ComTrans* für einen nützlichen Aufbau eines TKM entwickelt. Im Folgenden zeigen wir, inwiefern mit TKM im Sinne unseres Ansatzes der Wissenstransfer im Fachunterricht verbessert werden kann.

In der unteren Hälfte der Abbildung 9 ist der Wissenstransfer mit TKM abgebildet. Dieser hat im Wesentlichen die gleiche Struktur wie der in dieser Abbildung oben abgebildete Wissenstransfer ohne das TKM. Es fehlen die möglichen Fehlentwicklungen, in der Hoffnung, dass diese durch den Einsatz von TKM deutlich verringert werden. Das TKM wird mit TKM_{Fx1} abgekürzt, wobei die tief gesetzte 1 für „erste Variante“ steht. Neu ist an dieser Stelle, dass ein mögliches Feedback durch die Lernerfolgskontrolle eine Revision des Lehrer-Kompetenzmodells und/oder des TKM hin zu TKM_{Fx2}, also einer zweiten verbesserten Variante von TKM_{Fx1}, führen kann. Natürlich kann grundsätzlich ein solches Feedback auch bei einem Wissenstransfer ohne TKM erfolgen, es wird aber bei einem Wissenstransfer mit TKM durch den in diesem Projekt hervorgehobenen Einsatz der Aufgabenanalysen insbesondere durch Erstellung eines Eigenschaftsprofils des TKM erheblich erleichtert. Dazu kommen wir jetzt.

Wichtig sind die hervorgehobenen, schwarzen Pfeile. Sie werden hervorgehoben, um darauf hinzuweisen, dass die jeweiligen Verknüpfungen nur möglich sind, wenn die betreffende Kompetenzbestimmung mit der zugehörigen Performanz über eine geeignete Aufgabenbeschreibung gewährleistet ist. Es wurde bereits angesprochen, dass eine Kompetenz nur über die dazugehörige Performanz präzisierbar ist. Dies ergibt ein Kommunikationsproblem: Die an der Konstruktion einer Kompetenz und eines dazugehörigen TKM beteiligten Experten müssen sich im Falle von zunächst unterschiedlichen Sichtweisen einigen können, was sie unter einer bestimmten Kompetenz beziehungsweise Teilkompetenz meinen. Wenn es zum Beispiel in der Mechanik um die schiefe Ebene geht, und die Lernenden über das bloße Faktenwissen hinaus Verständnis entwickeln sollen, dann müssen sich die Experten einigen können, was sie hier mit „Faktenwissen“ und mit „Verstehen“ meinen. Dies ist letztlich nur dadurch möglich, dass sie darüber befinden, welche Aufgaben man lösen können muss, wenn man das Faktenwissen hat und welche Aufgaben man darüber hinaus lösen können muss, wenn man das gewünschte Verständnis hat. Oft ist die Art der Aufgaben der Lernerfolgskontrolle abhängig von den Aufgaben, die während des Unterrichts behandelt wurden. Wenn man beispielsweise prüfen will, ob die Schüler ihr Wissen über die schiefe Ebene in verschiedenen Aufgaben anwenden können, dann kann diese Anwendung nicht an einer Aufgabe geprüft werden, die genauso während des Unterrichts behandelt wurde. Denn dann würde man nur eine bloße Reproduktion, nicht aber eine Anwendung prüfen.

Entsprechende Definitionshilfen, wie z.B. die Bloom’sche Taxonomie kognitiver Lernziele (Bloom, Hastings, & Madaus, 1971) helfen hier nur begrenzt weiter. Meint zum Beispiel, wie schon einmal ausgeführt, „den Lehrsatz des Pythagoras verstehen“ dasselbe Verstehen wie „erste Hilfe bei Ohnmacht verstehen“ und wie kann man das entscheiden?

Der Nachteil der Bloom'schen Taxonomie ist, dass die dort aufgeführten Verhaltensaspekte, die ursprünglich für die Tyler-Matrix (Tyler, 1971; die Tyler-Matrix wird auch Verhaltens-Inhalts-Matrix genannt) entwickelt wurden, die Struktur und den Verwendungskontext der betreffenden Lerngegenstände nicht berücksichtigen. Eine entsprechende Aufgabenformulierung mit unserem Aufgabenanalyseverfahren GRIP (vgl. Abschnitt 3.5.2.2) berücksichtigt dies. In manchen Fachdidaktiken werden so genannte „Operatoren" zur Kennzeichnung des Verhaltensaspekts von Kompetenzen oder Lehrzielen verwendet. Nach unseren Erfahrungen sind diese Operatoren oft nicht hinreichend für eine genaue Präzisierung.

Wird eine präskriptive Kompetenz samt dem dazugehörigen TKM den Lehrern kommuniziert, dann ist diese Kommunikation unmissverständlich möglich, wenn die Kommunizierenden genau wissen, worum es geht. So muss z.B. die Kompetenz, das kleine Einmaleins zu beherrschen, nicht weiter näher beschrieben werden. Solche Fälle sind aber eher die Ausnahme.

Oft sind eine sorgfältige semantische, rationale, psychologische und empirische Aufgabenanalyse sowie weitere Untersuchungen notwendig, wenn die Fachdidaktiker und der Lehrer gewährleisten wollen, dass die Schüler die Chance haben, während des Unterrichts die Kompetenz lernen, die sie hinterher können sollen.

Der Titel dieses Abschnitts lautet: „Inwiefern theoretische Kompetenzmodelle den Wissenstransfer im Fachunterricht verbessern können". Mit dem Wort „inwiefern" wollen wir darauf hinweisen, dass es in der Regel nicht möglich sein dürfte, dass ein Unterricht von einem TKM ausgeht, weil dies viel zu aufwändig ist – zu mindestens in naher Zukunft. Was aber zur Unterstützung eines Output orientierten Unterrichts möglich ist, ist die Verbesserung eines kompetenzorientierten Unterrichts und einer kompetenzorientierten Lernerfolgskontrolle durch die Lehrer. Dies haben wir bei der Konzeption von *ComTrans* bedacht (vgl. Kap. 4).

3.3.2.4 Sicherung der fachdidaktischen Validität eines bestimmten theoretischen Kompetenzmodells

Die Bestimmung einer präskriptiven Kompetenz im Fachunterricht setzt voraus, dass eine hinreichende, interindividuelle Übereinstimmung unter den jeweiligen Experten herrscht oder herstellbar ist, was mit der betreffenden Kompetenz gemeint sein soll. Eigene empirische Ergebnisse und Erfahrungen bei unserem

Projekt zur Lehrstoffanalyse im damaligen Schwerpunktprogramm „Lehr-Lern-Forschung" der DFG zeigten jedoch, dass diese Voraussetzung oft nicht erfüllt ist.

So war die Beurteilerübereinstimmung von Fachdidaktikern über die Inhaltsvalidität (Kontentvalidität) der Entwürfe von Klassenarbeiten, die den Lernerfolg bezüglich relativ einfacher Unterrichtseinheiten aus jeweils verschiedenen Fächern überprüfen sollten, so niedrig wie die Reliabilität von Schulnoten: Sie lag bei $r = 0,3$. Eine Befragung der urteilenden Fachdidaktiker ergab, dass sie implizit zur Beurteilung der Klassenarbeitsentwürfe interindividuell verschiedene Lehrziele rekonstruiert hatten: Die betreffenden Fachdidaktiker hatten selbst für eine so eng umgrenzte Kompetenz, wie die zur Teilbarkeit natürlicher Zahlen, unterschiedliche Vorstellungen. Worin genau diese Kompetenz besteht war bei diesem Versuch nicht ersichtlich – die Kontentvalidität beziehungsweise die fachdidaktische Validität zur Beurteilung dieser Kompetenz konnte nicht gesichert werden!

Die Sicherung der fachdidaktischen Validität einer Kompetenz ist nur in dem Maße möglich, in dem diese Kompetenz durch Experten genau definiert wird und dabei eine interindividuelle Übereinstimmung bei den betreffenden Experten herrscht, welche Aufgaben man wie gut lösen können muss, wenn man über eine bestimmte Kompetenz verfügt. Insofern ist die Entwicklung von fachspezifischen präskriptiven Kompetenzen auch ein Problem der Aufgabenanalyse, insbesondere zunächst der semantischen und rationalen Aufgabenanalyse.

Die Prüfung der Kontentvalidität kann also nur in dem Maße genau sein, indem der zu prüfende Gegenstand präzise beschrieben wurde. Das gilt auch für die fachdidaktische Validität eines Kompetenzmodells. Für eine genaue Kompetenzdefinition als normative Präskription im Sinne der semantischen Aufgabenanalyse ist eine festsetzende Definition (Mittelstraß, 2004) notwendig (vgl. Abschnitt 3.1.1). Eine solche Prozedur kann analog zur interpersonalen Verifikation (Kamlah & Lorenzen, 1996) vorgenommen werden. Eine festsetzende Definition der betreffenden präskriptiven Kompetenz kann einen wesentlichen Beitrag zur Kommunikation und zur Akzeptanz bestimmter Kompetenzen seitens der im Bildungswesen Handelnden bereitstellen – und sie ist, wie gesagt, die Voraussetzung für die Sicherung der fachdidaktischen Validität zwischen dem TKM des betreffenden Unterrichts und dem dazugehörigen Instruments zu Lernerfolgskontrolle. Die einschränkenden Randbedingungen (constraints) der Bestimmung einer präskriptiven Kompetenz sind experten- und sachabhängig, also abhängig vom fachdidaktischen Urteil, und keineswegs – wie schon gesagt – nur psychologisch bedingt. Mindestens die sachabhängigen Randbedingungen können sich nicht von vorne herein psychologischen Überlegungen unterordnen. Woraus z.B. ein mathematischer Lehrsatz, ein juristisches Prinzip, ein physikalisches Gesetz besteht, bestimmt nicht die Psychologie – insofern ist die Sicherung der fachdidaktischen Validität beziehungsweise Kontentvalidität durch die semantische und rationale Aufgabenanalyse einer psychologischen Analyse und psychologischen Rekonstruktion des TKM sachlich vorgeordnet.

Die vorschnelle Kontamination der sachanalytischen Bestimmung von Kompetenzen mit psychologischen Analysen oder Behauptungen der angeblich psychologischen Kompetenzen, wie sie heute teilweise bei Kompetenzanalysen und -bestimmungen sowie bei der „cognitive task analysis“ anzutreffen ist, verwischt das Problem der Notwendigkeit einer standardisierten Rekonstruktion der betreffenden Kompetenzen im Sinne einer semantischen und rationalen Aufgabenanalyse und hat unbefriedigende Ergebnisse und unnötige Vorbehalte zum Ergebnis – ein altes und wichtiges Problem des psychologischen Testens.

Natürlich kann sich das Ergebnis einer standardisierten semantischen und rationalen Aufgabenanalyse einer präskriptiven Kompetenz als unzweckmäßig erweisen und einer Revision unterzogen werden, wenn Ergebnisse von empirischen Untersuchungen und die Entwicklung eines Instruments zur Lernerfolgskontrolle die Notwendigkeit von Änderungen darlegen. Dabei sollten die semantische, rationale, psychologische und empirische Aufgabenanalyse sowie die Testkonstruktion zweckmäßig zusammenwirken. Dennoch ist gemäß der Logik der Vorgehensweise eine festsetzende Definition der nicht hintergehbare und oft unterschätzte Ausgangspunkt für jede Konstruktion eines TKM und für jede Kompetenzdiagnostik!

3.3.2.5 Überlegungen, wie eine interdisziplinäre Entwicklung eines theoretischen Kompetenzmodells ablaufen könnte

In einem ersten Schritt einigen sich die Fachdidaktiker, Pädagogen und/oder Psychologen auf die Gesichtspunkte, die bei der Konstruktion eines TKM beachtet werden sollen. Nehmen wir als Beispiel den Unterrichtsgegenstand Mechanik. Dabei werden idealer Weise u.A. folgende Aspekte berücksichtigt (die Ziffern geben keine zwangsläufige Reihenfolge der Bearbeitung wieder):

1. sammeln von einzelnen, einschlägigen Unterrichtsthemen, z.B. schiefe Ebene, Pendel, usw.;

2. analysieren, welcher Art die geforderten Kompetenzen bzw. Teilkompetenzen sind, z.B.:

    a. unverbundenes Einzelwissen;
    b. verstehendes Wissen;
    c. Anwendungswissen (z.B. über das Finden neuer Beispiele)
    d. aufeinander aufbauendes Wissen;
    e. Kausalwissen;
    f. Systemwissen;
    g. andere Wissensarten;

3. berücksichtigen, dass eine Kompetenz in der Regel nachhaltig dem Lernenden zur Verfügung stehen sollte;

4. analysieren, ob es übergreifende Konzepte gibt, wie z.B. das Kräfteparallelogramm und wie diese Konzepte einem besseren Verständnis zu Gute kommen können;

5. analysieren, inwieweit übergreifende Aspekte physikalischer Kompetenz geübt oder vertieft werden sollen, wie zum Beispiel in Form von Experimenten in der Physik;

6. prüfen, welche einschlägigen Themen auf jeden Fall behandelt werden müssen, welche fakultativ sind, und welche weggelassen werden können oder aus Mangel zur Verfügung stehender Unterrichtszeit weggelassen werden müssen;

7. prüfen, welche psychologischen Aspekte des Wissenserwerbs bei diesem Kompetenzmodell beachtet werden sollten;

8. erproben, wie Lernende die Aufgaben von Punkt 6 tatsächlich lösen und gegebenenfalls Revision dieser Aufgaben oder gar des gesamten Kompetenzmodells;

9. Übersicht über die Eigenschaften der einzelnen Unterrichtsthemen (ggf. mittels formaler Begriffsanalyse (Ganter & Wille, 1999) oder computergestützt);
10. Umsetzung des betreffenden TKM in ein Kompetenzmodell für den Lehrer;
11. Schüler werden durch Lehrer in der betreffenden Kompetenz unterrichtet und deren Lernerfolg wird erhoben;
12. Rückkopplung von der Lernerfolgskontrolle bei den Schülern auf das Kompetenzmodell der Lehrer und schließlich auf das TKM;
13. Prüfung des Modells zur interdisziplinären Konstruktion eines TKM:
    a. Verwendung des Modells durch eine andere Arbeitsgruppe;
    b. Analyse der Ergebnisse der jeweiligen Arbeitsgruppe mit dem Modell durch außenstehende Experten;
14. Diskussion des TKM und des lehrinhalts- und fachübergreifenden Verfahrens zur Konstruktion von TKM in der Fachwelt;
15. Entsprechend wird mit der Konstruktion der TKM in anderen Fächern verfahren und geprüft, inwiefern sich fächerübergreifende und fächerspezifische Vorgehensweisen bei der Methodik zur Erstellung eines TKM ergeben.

Diese Schritte zur Rekonstruktion eines theoretischen Kompetenzmodells verdeutlichen, wie aufwändig dieses Vorgehen ist. Gerade für solche Lehrplanteile, die sich eine Schule im Rahmen ihrer Profilierung selbst auswählt, sind einfacheren Vorgehensweisen notwendig, wie wir sie im Rahmen von KLU vorschlagen (vgl. Abschnitt 3.7).

3.3.2.6 Die Notwendigkeit psychologischer Aufgabenanalysen für die Rekonstruktion wirksamer Kompetenzen, die nicht als „träges Wissen“ verharren

Vom 1.–2. Februar 2007 fand in Berlin eine interdisziplinäre Tagung statt mit dem Titel: „Operationalisierung und Messung von Kompetenzen der Bildung für nachhaltige Entwicklung“. Sie wurde ausgerichtet vom Arbeitsbereich Erziehungswissenschaftliche Zukunftsforschung an der Freien Universität Berlin in

Kooperation mit der Kommission „Bildung für nachhaltige Entwicklung“ in der Deutschen Gesellschaft für Erziehungswissenschaft, der Fachgruppe „Umweltpsychologie“ in der Deutschen Gesellschaft für Psychologie und der Sektion „Soziologie und Ökologie“ in der Deutschen Gesellschaft für Soziologie. Im Aufruf für Beiträge zu dieser Tagung heißt es:

„In den vergangenen Jahren hat das Konzept der Bildung für nachhaltige Entwicklung eine konkretere Gestalt angenommen. Ihr Ziel ist es, Menschen Bildungschancen zu eröffnen, die ihnen die Mitgestaltung und Teilhabe an einer positiven gesellschaftlichen Entwicklung ermöglichen. So gilt „Gestaltungskompetenz“ inzwischen als Schlüsselbegriff für die Charakterisierung der Bildungsziele für eine nachhaltige Entwicklung. In aktuellen OECD- und UNESCO-Dokumenten sowie dem Nationalen Aktionsplan für die UN-Dekade „Bildung für nachhaltige Entwicklung“ wird gefordert, Kriterien und Standards zu entwickeln, mit denen die Qualität von nachhaltigkeitsbezogenen Bildungsprozessen weiter konkretisiert und der Kompetenzerwerb in formellen und informellen Kontexten festgestellt werden kann.

Um darüber fundierte Aussagen treffen zu können, bedarf es einer angemessenen Operationalisierung und Messung von Kompetenzen für eine nachhaltige Entwicklung. Dies ist eine Aufgabe, die disziplinübergreifend von der sozialwissenschaftlichen Umweltforschung geleistet werden muss.“

Die Voraussetzungen für ökologisches Handeln sind zunächst die notwendige Einsicht. Forscher wie Dietrich Dörner (z.B. 1989) haben gezeigt, dass ökologische Probleme in der Regel die Eigenschaft von Komplexität, Dynamik und Intransparenz haben. Komplexität bezieht sich auf die große Anzahl der beteiligten Einflussfaktoren und ihre Vernetzung, die Dynamik darauf, dass sich ein ökologisches System laufend ändert und die Intransparenz darauf, dass das Zusammenwirken der beteiligten Variablen weitgehend im Verborgenen bleibt. Für die menschliche Fähigkeit, Probleme zu lösen, ist dies eine sehr große Herausforderung. Zum Beispiel werden langfristiger Nebenwirkungen und exponentielle Zuwächse in der Regel unterschätzt. Hier gilt es eine Einsicht hervorzubringen, die über das alltägliche Probleme lösen hinausgeht.

Aber selbst, wenn es zu dieser Einsicht kommt, kann dies „träges Wissen“ bleiben, das heißt es besteht eine Kluft zwischen Wissen und Handeln (vgl. Mandl & Gerstenmaier, 2000).

Sowohl bei Problemen, die mit Komplexität, Dynamik und Intransparenz zu tun haben oder die eine Kluft zwischen Wissen und Handeln nahe legen, bedürfen einer besonderen Berücksichtigung der Eigenart der menschlichen Psyche. Insbesondere hier muss eine psychologischer Aufgabenanalysen die rationale Aufgabenanalyse bei dieser Konstruktion theoretischer Kompetenzmodelle unterstützen.

Zusätzlich ist zu beachten, dass, wie angesprochen, die Nachhaltigkeit einer individuellen Kompetenz auch von der Umwelt des Individuums abhängt, von den Verstärkungsbedingungen, wie man im Rahmen des Operanten Konditionierens sagen würde. Sind diese ungünstig, ist die Stärkung der Motivation und der Identifikation mit der Kompetenz besonders wichtig – obwohl diese die Bedingung des individuellen Umfelds in der Regel nicht voll kompensieren können.

3.3.2.7 Computerunterstützung bei der Entwicklung theoretischer Kompetenzmodelle

Die Planung einer Wissensvermittlung – ganz gleich ob sie in einer Schule mit traditionellem Unterricht geschieht oder durch ein multimediales, computergesteuertes Lernprogramm – ist ein konstruktiver Akt, ähnlich dem Maschinenbau oder der Architektur. Entsprechend haben Goel & Pirolli (1989) „the cognitive skill of designing“ bei Ingenieuren, Architekten und Instruktionsdesignern (d.h. Lehrgangsgestaltern) als einen Fall ähnlicher Informationsverarbeitung vergleichend untersucht. Diese Autoren nennen den Gestaltungsraum „design problem space“. Die Entwicklung eines TKM – ob innerhalb eines Faches oder ob interdisziplinär – erfordert bei den Beteiligten diese kognitive Kompetenz des Designs. Ein Problem dabei besteht darin, dass es schwer ist, den Überblick über die verschiedenen Eigenschaften einer Kompetenz zu bewahren oder, anders ausgedrückt, ein bündiges und schlüssiges Eigenschaftsprofil dieser Kompetenz zu erstellen.

Dabei kann eine Computerunterstützung wertvolle Hilfe leisten. Durch das Verfahren der Formalen Begriffsanalyse (Ganter & Wille, 1999) können die Eigenschaften der verschiedenen Aufgabenklassen, die eine Kompetenz definieren, systematisch aus verschiedenen Aspekten betrachtet werden. Weiterhin können computerunterstützte Aufgaben generiert und verschiedene Hilfsfunktionen (z.B., ob die genannten Kriterien alle beachtet wurden oder die Unterstützung durch die Möglichkeit nützliche Konzepte oder Literatur aufzurufen) angeboten werden. Zusammengefasst kann eine Computerunterstützung bei der Entwicklung theoretischer Kompetenzmodelle für folgende Aufgaben zweckmäßig sein:

- Protokollierung des Fortschrittes bei der Entwicklung eines TKM;
- Anwendung der Formalen Begriffsanalyse zur Strukturierung der verschiedenen Eigenschaften unterschiedlicher Aufgabenklassen bei einer Kompetenz;
- computergestütztes Generieren von Aufgaben aus Aufgabenklassen; verschiedene Hilfsfunktionen, wie z.B. Informationen über:
  - Lehrpläne,
  - Bildungsstandards,
  - Aufgabenformate,
  - Ergebnisse der Lernpsychologie,
  - Testmodelle,
  - ggf. Mindmapping.

Durch eine entsprechende Computerunterstützung können auch Lehrer Vorort in der jeweiligen Schule in die Lage versetzt werden, für schulspezifischer Lehrplanteile eine Bestimmung präskriptiver Kompetenzen und eine Entwicklung der zugehörigen Kompetenzdiagnostik zu konzipieren, die im Rahmen ihrer Möglichkeiten realisierbar ist.

3.3.3 Kriterien, die das Eigenschaftsprofil eines theoretischen Kompetenzmodells erfüllen soll

Nehmen wir die eben erfolgte Aufzählung von Schritten als eine vorläufige Problemanalyse, was geschehen sollte, damit ein TKM und eine Methodik zur Entwicklung eines TKM konstruiert werden kann und versuchen wir dies weiter zu systematisieren. Die Entwicklung eines TKM kann als iterativer Prozess verstanden werden. Im Idealfall kann man sich diesen Prozess einer interdisziplinären Zusammenarbeit so vorstellen:

Zunächst wird ein *Anfangs*eigenschaftsprofil für das zu entwickelnde TKM durch semantische und rationale Aufgabenanalysen bestimmt. Es folgen psychologische und empirische Aufgabenanalysen, die zur Revision des zu entwickelnden TKM und des dazugehörigen Anfangseigenschaftsprofils führen können. Diese psychologischen und empirischen Aufgabenanalysen könnten unter Umständen außerhalb des regulären Unterrichts mit Lernenden durchgeführt werden. Wenn das Ergebnis nicht zufrieden stellend ist, dann muss dieser Entwicklungszyklus mehr oder weniger wiederholt durchlaufen werden, bis ein akzeptables Resultat erhalten wird. Geschieht dieser Entwicklungsprozess außerhalb der Unterrichtspraxis, dann ist es ratsam, aus dem im Resultat vorliegenden TKM ein Lehrer-Kompetenzmodell zu entwickeln (vgl. Abbildung 9 und Abschnitt 3.3.2). Idealerweise wird dieses dann im Unterricht erprobt und geprüft, ob die Lehrer kein Kulissenlehren angewandt, die Lernenden tatsächlich Kompetenzen erworben haben und sich z.B. kein Kulissenlernen eingestellt hat.

Wenn die Entwicklung des TKM abgeschlossen ist, dann stellt das Resultat ein elaboriertes TKM mit dem dazugehörigen *Ergebnis*eigenschaftsprofil dar. Die Kriterien, die bei der Erstellung des Anfangseigenschaftsprofils und Ergebniseigenschaftsprofils zu beachten sind und inwieweit diese fachabhängig sind, muss noch weiter erforscht werden. Aufgrund unserer vorläufigen Problemanalyse mit den oben aufgeführten 15 Schritten und den Überlegungen zu unserem Ansatz *ComTrans* können jedoch eine Reihe von begründeten Kriterien für die Entwicklung eines TKM angegeben werden. Ein entscheidender Vorteil in der Vorgabe solcher Kriterien besteht darin, dass dadurch ein theoretisch begründeter Ausgangspunkt für die Entwicklungsmethodik des TKM gegeben wird, der dann systematisch verbessert werden kann.

Kriterien beziehungsweise Forderungen bei der Entwicklung eines TKM und des dazugehörigen Eigenschaftsprofils:

1. **Kriterium:** Die Kompetenz muss durch Aufgabenmengen und die dazugehörigen Kompetenzgrade hinreichend genau beschrieben werden.
    a. analysieren, welcher Art die geforderten Kompetenzen bzw. Teilkompetenzen sind, z.B.:
        i. unverbundenes Einzelwissen;
        ii. aufeinander aufbauendes Wissen;
        iii. Kausalwissen;
        iv. Systemwissen;
        v. andere Wissensarten;
    b. analysieren, ob es übergreifende Konzepte gibt (wie z.B. das Kräfteparallelogramm in der Mechanik) und wie diese Konzepte zu einem besseren Verständnis zu verwenden sind;

c. analysieren, inwieweit übergreifende Aspekte physikalischer Kompetenz geübt oder vertieft werden sollen (z.B. typisches Vorgehen beim Experimentieren in der Physik, während der Behandlung der Mechanik).

2. **Kriterium:** Berücksichtigung der Nachhaltigkeit von Kompetenzen:

   a. bei der Vermittlung, in dem die lange zu behaltenden Aspekte der Kompetenz hinreichend eingeübt und entsprechend in die Wissensstruktur der Lernenden integriert wird;

   b. ggf. gesellschaftlich – soweit dies möglich ist – dafür Sorge getragen wird, dass Lernende die betreffende Kompetenz aufrechterhalten können. Dieser politische Aspekt kann bei der Konstruktion eines TKM keine Hauptrolle spielen, aber er sollte berücksichtigt werden – sowohl bei der Vermittlung der Kompetenz als auch bei der Evaluation.

3. **Kriterium:** Bei der Beschreibung der Aufgabenmengen muss die jeweilige Performanz klar erschließbar sein. Das bedeutet die Konstruktion von konkreten Aufgaben aus den betreffenden Aufgabenmengen, deren Ausführung bei den Lernenden möglichst überprüfbar ist. Nicht immer ist dies vollständig möglich. Wenn z.B. die Mülltrennung eine nachhaltige Kompetenz sein soll, dann ist bei den Lernenden nicht überprüfbar, ob sie dies noch in 10 Jahren tun werden, falls es dann die Mülltrennung noch gibt. Allerdings können psychologische Aspekte, wie die Einsicht in die Notwendigkeit der Mülltrennung und die Steigerung der individuellen diesbezüglichen Verantwortlichkeit die Chance einer Nachhaltigkeit der Kompetenz steigern und diese Aspekte sind bei einer Überprüfung zumindest teilweise sofort zugänglich.

4. **Kriterium:** Fachspezifische Überlegungen sind zunächst psychologischen Überlegungen voranzustellen.

5. **Kriterium:** Die betreffende Kompetenz soll zunächst durch semantische und rationale Aufgabenanalysen bestimmt werden.

6. **Kriterium:** Der Inhalts- und Verhaltensaspekt von Kompetenzen muss genau unterscheidbar dargestellt werden.

7. **Kriterium:** Der kontextualisierte Charakter der Kompetenz soll analytisch durch die Variationsbreite von Inhalts- und Verhaltensaspekt fest-

gelegt werden (ähnlich wie bei der bereits erwähnten Skill Theory, vgl Abschnitt 3.1.3.3).

8. **Kriterium:** Es soll beachtet werden, dass die Kompetenz des zu entwickelnden TKM eine Präskription mit normativem Charakter ist.

9. **Kriterium:** Entsprechend zum siebenten Kriterium soll das Kriterium der Effizienz beachtet werden. Zum Beispiel sollte bei einem umfangreichen Lerngegenstand geprüft werden, welche einschlägigen Themen auf jeden Fall behandelt werden müssen, welche fakultativ sind, und welche weggelassen etwas aus Mangel zur Verfügung stehender Unterrichtszeit weggelassen werden können, ob der gewünschte Transfer auf verschiedene Anwendungsbereiche nur mit übergroßem Aufwand erreicht werden kann, usw.

10. **Kriterium:** Möglichkeiten zur Erfassung individueller Lernergebnisse und zur Bilanzierung von Bildungsprozessen sollen beachtet werden.

11. **Kriterium:** Die Kontentvalidität des TKM soll durch Erstellung eines Anfangseigenschaftsprofils des TKM gesichert werden.

12. **Kriterium:** Die Kriterien für das Ergebniseigenschaftsprofil zur Entwicklung eines TKM sollen explizit angegeben werden.

13. **Kriterium:** Die semantische und empirische Aufgabenanalyse wurden mindestens ein Mal durchgeführt.

14. **Kriterium:** Gegebenenfalls müssen notwendige Revisionen des TKM und des dazugehörigen Eigenschaftsprofils vorgenommen werden.

15. **Kriterium:** Im Idealfall soll ein Lehrer-Kompetenzmodell zum TKM erstellt werden: Lehrer führen mit diesem Lehrer-Kompetenzmodell möglichst ohne Kulissenlehren den Unterricht durch und die Lernenden erreichen die angestrebte Kompetenz möglichst ohne Kulissenlernen.

16. **Kriterium:** Als Resultat soll ein entwickeltes TKM mit dem dazugehörigen Ergebniseigenschaftsprofil dargestellt werden.

Noch einmal: Diese Kriterien zur Rekonstruktion eines theoretischen Kompetenzmodells verdeutlichen, wie aufwändig dieses Vorgehen ist. Gerade für solche Lehrplanteile, die sich eine Schule im Rahmen ihrer Profilierung selbst auswählt, sind einfacheren Vorgehensweisen notwendig, wie wir sie im Rahmen von KLU vorschlagen (vgl. Abschnitt 3.7).

3.3.4 Schritte bei der Entwicklung eines theoretischen Kompetenzmodells

Die bisherigen Überlegungen führen zu einer Abfolge von Schritten bei der Entwicklung eines TKM (vgl. Abbildung 9). Die Ergebnisse der einzelnen Schritte können zu Revisionen bei der Konstruktion eines TKM führen. Dabei sind immer die hier entwickelten Kriterien von *ComTrans* zu beachten. Die in Abbildung 10 wiedergegebene Abfolge ist als ein erster Vorschlag zu betrachten.

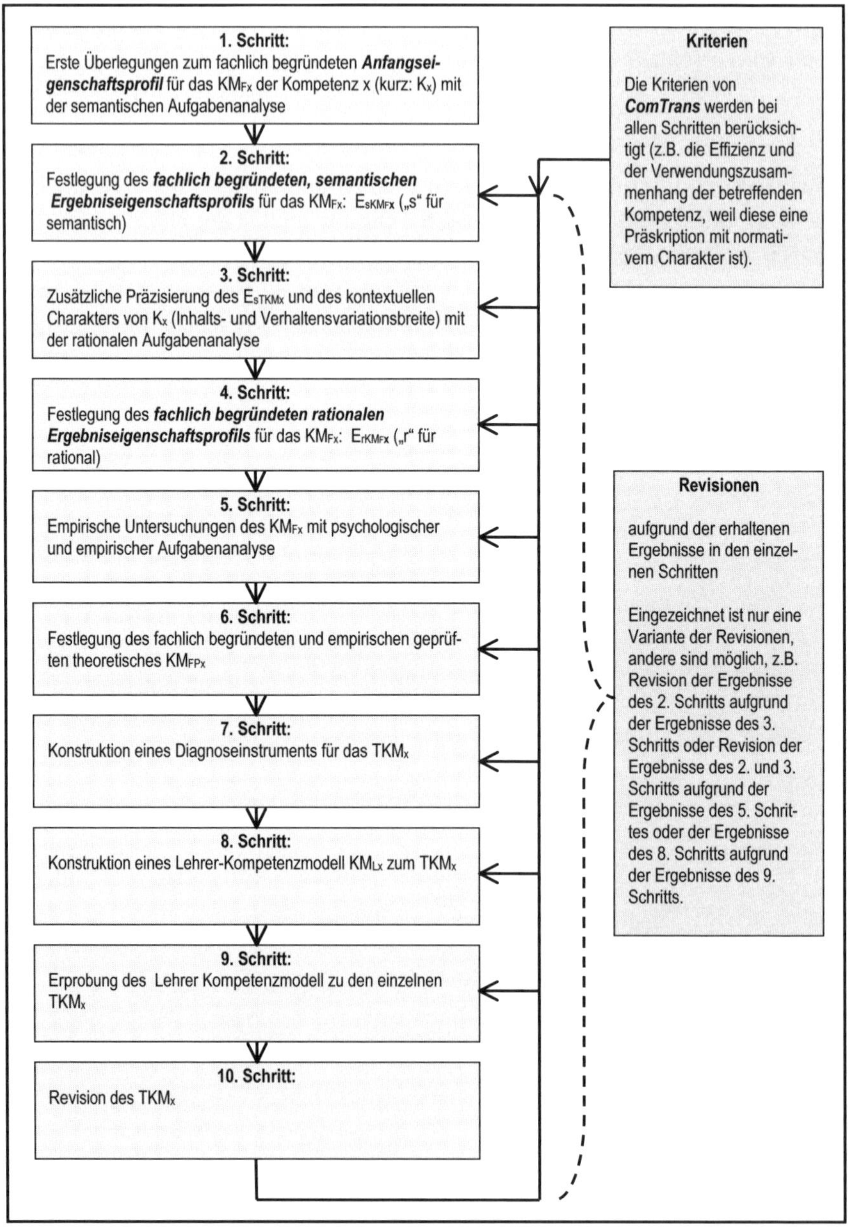

Abb. 10: Entwicklung und Überprüfung von theoretischen Kompetenzmodellen

3.3.5 Fazit

Wie schon ausgeführt, ist die Sicherung der fachdidaktischen Validität beziehungsweise der Kontentvalidität eines Kompetenzmodells einer empirischen Überprüfung der Gültigkeit eines TKM vorgeordnet. Dies bedeutet, dass vor einer empirischen Überprüfung der Gültigkeit eines TKM ein Eigenschaftsprofil der betreffenden Kompetenz vorliegen muss, hinsichtlich dessen empirisch die gewonnenen Daten verglichen werden können. Aus ökonomischen Gründen wird in der Regel eine vollständige empirische Überprüfung der Gültigkeit eines TKM selten mögliche sein. Dies spricht ein Problem an, das bei vielen Evaluationsmaßnehmen eine Rolle spielt. Entsprechend sind auch bei der Überprüfung von TKM ökonomische Vorgehensweisen zu entwickeln, die zumindest die bedeutsamsten Aspekte einer, oft wohl nur informellen Kontrolle, zuführen.

In vielen Fällen wird es nicht möglich sein, dass Experten die Kompetenzmodelle für die Bildungsstandards eines bestimmten Faches in einer bestimmten Schulstufe entwickeln. Dies gilt, wie gesagt, insbesondere für jene Lehrplananteile, die einzelne Schulen im Zuge ihrer Profilierung selbst bestimmen. Hier sind die Lehrkräfte gefordert, im Rahmen ihrer Möglichkeiten Kompetenzmodelle zu entwickeln und eine entsprechende Kompetenzdiagnostik durchzuführen. *ComTrans* berücksichtigt dies.

3.4 Erfassung individueller Lernergebnisse

Den Begriff „individuelles Lernergebnis“ haben wir vom DFG SPP Kompetenzdiagnostik übernommen, dessen Titel diesen Begriff auch verwendet: „Erfassung individueller Lernergebnisse und Bilanzierung von Bildungsprozessen“. Der Begriff „Lernergebnis“ kann jedoch insofern missverständlich sein, als die aktuell erfasste Kompetenz einer Person nicht zwingend das Ergebnis einer klar definierten Lernepisode sein muss. Deshalb halten wir die Bezeichnung „Erfassung der betreffenden persönlichen Kompetenz“ für besser geeignet. Gleiches gilt für die „Erfassung von Bildungsprozessen“ – hier erachten wir den Begriff „Lehrevaluation“ als zweckmäßiger. Wir haben den aktuellen Sprachgebrauch des DFG SPP Kompetenzdiagnostik aufgegriffen, weil dieses DFG SPP Kompetenzdiagnostik der Ausgangspunkt von *ComTrans* ist. Bei der Erfassung individueller Lernergebnisse geht es um die *Bewertung einer Person hinsichtlich einer bestimmten Kompetenz*, z.B. ob sie ein Wiener Schnitzel bereiten, beim Tennis gut aufschlagen, oder den Hochofenprozess in gewünschter Detailliertheit erläutern kann. Bei der Bilanzierung von Bildungsprozessen geht es dagegen um die *Bewertung von Bildungsmaßnahmen hinsichtlich der Vermittlung einer be-*

stimmten Kompetenz. Eine Bildungsmaßnahme kann z.B. ein Schulunterricht oder ein computergestütztes Lernprogramm sein. Will man individuelle Lernergebnisse erfassen oder Bildungsprozesse bilanzieren, ist es zunächst notwendig, vorher die betreffenden Kompetenzen hinreichend genau zu erfassen. Dafür sind u.E. die Konstruktion entsprechender TKM eine notwendige Voraussetzung.

3.4.1 Zwecke und Anforderungen

Die Erfassung eines individuellen Lernergebnisses betrifft immer eine Kompetenz einer Person, also eine persönlichen Kompetenz, und dient in der Regel dazu, eine Entscheidung hinsichtlich bestimmter Fragen wie beispielsweise der folgenden zu treffen: Ist die Lernende soweit, dass mit der Vermittlung des Stoffes weiter gegangen werden kann oder hat eine Person eine bestimmte Berufsqualifikation erreicht? Tabelle 3 zeigt darüber hinaus verschieden umfangreiche Entscheidungsfälle als Beispiel der Erfassung individueller Lernergebnisse. Das Entscheidungsziel besteht hier im Großen wie im Kleinen darin, ob eine bestimmte Kompetenz bzw. Teilkompetenz bei einer bestimmten Person erreicht ist. Die Beantwortung der dabei gestellten Frage ist mit „Ja", „Nein" oder „(Noch) nicht entscheidbar" möglich und bedarf nicht zwingend einer quantitativen Messung, d.h. der Angabe von Zahlen. Die Entscheidungsgrundlage besteht allein in den beobachtbaren Performanzen oder Performanz-Produkten (z.B. Texte, Arbeitsproben), wie in Abschnitt 3.1 erläutert wird. Die einzelnen Entscheidungsgrundlagen können miteinander verknüpft werden. Zum Beispiel kann u.A. durch den einschlägigen Kompetenzgrad geregelt sein, dass bestimmte Teilaufgaben auf jeden Fall gelöst werden müssen und andere nicht. Weiterhin kann durch rationale und/oder psychologische und/oder empirische Aufgabenanalysen eine Aufgabenlösung aus anderen Aufgabenlösungen folgen, sodass jene bei der Kompetenzprüfung weggelassen werden kann. Dies sollte möglichst im betreffenden TKM festgelegt sein. Oft sind die vorgenommenen „Messungen" keine im Sinne einer Messtheorie für präzise Messinstrumente, sondern nur Pseudomessungen, wie es meistens bei Noten der Fall ist. Die Reliabilität der Notengebung ist bekanntlich für eine echte Messung zu schlecht, da sie in der Regel bei der Größenordnung von r = .30 liegt (Ingenkamp, 1971). Dies muss jedoch nicht in jedem Fall gegen den praktischen Einsatz und die Beliebtheit von Noten sprechen – ähnlich wie bei der Zuweisung des Strafmaßes für bestimmte Straftaten, wo es ähnliche Reliabilitätsprobleme gibt.

	ENTSCHEIDUNGSFÄLLE		
	Umfangreiche Expertise	**Expertise in größerem Fach-Teilgebiet**	**Können bzgl. einer bestimmten Unterrichtseinheit**
Beispiele	Diplomprüfung Meisterprüfung	Kenntnisse in der Mechanik Erreichen eines Bildungsstandards für ein best. Schulfach in einer best. Klassenstufe	Kenntnisse zur Schiefen Ebene Ein Wiener Schnitzel bereiten können
Entscheidungsziel	Berechtigung zu einer Berufsausübung	Erreichen der Lehrplanziele bzw. der betreffenden Bildungsstandards	Prüfen, ob eine Teilkompetenz vorhanden ist
Entscheidungsgrundlagen	Performanz und Performanz-Produkte des Individuums, geordnet nach Teilfächern	Performanz und Performanz-Produkte des Individuums	Performanz und Performanz-Produkte des Individuums
Strukturierung der Entscheidungsgrundlagen	Durch Prüfungsordnungen, die nur teilweise auf rationalen Aufgabenanalysen beruhen	Ggf. geordnet nach einer rationalen (und evtl. psychologischen) Aufgabenanalyse	Ggf. geordnet nach einer rationalen (und evtl. psychologischen) Aufgabenanalyse
Art und Qualität der durchgeführten Messungen	Pseudo-Messungen, z.B. Noten; Kriteriums-orientierte Bewertungen oder Tests	Siehe links	Siehe links
Möglichkeit messtheoretisch korrekter Messungen	Begrenzt dahingehend, dass die Itemselektion die Lehrinhalte nicht ändern darf und ob der Aufwand sich lohnt (insbesondere bei komplexen Kompetenzen, die aus vielen unterschiedlichen Teilkompetenzen bestehen)	Siehe links	In der Regel sind nur informelle Tests wie z.B. Klassenarbeiten oder Portfolios mögliche
Notwendigkeit messtheoretisch korrekter Messungen	Nicht notwendig, wenn aus der Struktur der notwendigen Performanz und Performanz-Produkte des Individuums ohne Messung hinreichend gut auf die zu beurteilende Kompetenz geschlossen werden kann	Siehe links	Siehe links
Verbesserungsmöglichkeiten der Entscheidung	Bessere Beschreibung durch rationale, psychologische und empirische Aufgabenanalysen und Überprüfung der Validität des betreffenden Kompetenzmodells	Siehe links	Siehe links
Bemerkungen	In manchen Disziplinen werden die Entscheidungen durch laufende Wettbewerbe normorientiert (also nicht kriterienorientiert) entschieden (z.B. Tennis, Schach)		

Tabelle 3: Verschieden umfangreiche Entscheidungsfälle als Beispiel der Erfassung individueller Lernergebnisse, Näheres im Text

Eine Messung ist bei den in Tabelle 3 aufgeführten Beispielen von Entscheidungsfällen oft nicht möglich oder notwendig. Der in dem betreffenden TKM festgelegte Bezug auf die Kompetenz ausweisenden Performanzen und Performanz-Produkte ist oft hinreichend und genauer als eine Messung. Dies ist der Fall, weil eine Messung zwar denselben Ausgangspunkt nehmen muss – nämlich die betreffenden Performanzen bzw. Performanz-Produkte – dann aber mit zusätzlichen Fehlerquellen konfrontiert wird, z.B. der empirischen Itemselektion, welche die Validität bezüglich des betreffenden TKM gefährden kann oder der Reduktion der Aufgaben auf die Bewertung „gelöst" beziehungsweise „nicht gelöst". Bei dieser Reduktion werden komplexerer Angaben von Kompetenzgraden gleichsam gebügelt (vergleiche dazu die Überlegungen zur Mülltrennung bezüglich quantitative und qualitative Kompetenzgrade in Abschnitt 3.1.2.1). Die Verbesserungsmöglichkeiten liegen deshalb auch oft weniger in der Etablierung einer Messung als in der – falls erforderlich – genaueren Beschreibung des betreffenden TKM.

Eine weitere Erfassung individueller Lernergebnisse betrifft die Auswahl (Selection) und die Platzierung (Placement) von Personen hinsichtlich bestimmter Kompetenzen. Im erstgenannten Fall geht es darum, die beste Person auszuwählen, im zweitgenannten Fall z.B. darum, Personen mit unterschiedlichen Ausprägungen verschiedener Kompetenzen optimal auf verschiedene Arbeitsstellen mit unterschiedlichem Anforderungsprofil zu verteilen. Auch hier ist eine Messung nicht zwingend notwendig, weil verschiedene Ausprägungen von Kompetenzen oft auch qualitativ zweckmäßig bestimmt werden können. Die Publikationen dazu haben allerdings einen testpsychologischen Hintergrund (z.B. die einflussreiche Arbeit von Cronbach & Gleser, 1957). Da Auswahl und Platzierung bei der gegenwärtigen Bildungsdebatte im Zusammenhang mit der Thematik „Kompetenzdiagnostik und Kompetenzmodelle" nicht im Vordergrund stehen, diskutieren wir die einschlägigen Probleme hier nicht weiter. Allerdings ist die Zuweisung von Schülern zu Schularten eine ganz wichtige und bekanntermaßen politisch umstrittene Platzierung.

3.4.2 Probleme

Die Erfassung individueller Lernergebnisse und die Bilanzierung von Bildungsprozessen ist das erklärte Ziel des DFG SPP Kompetenzdiagnostik, der Ausgangspunkt für die Entwicklung von *ComTrans* war. Dazu nochmals Klieme & Leutner (2006, Kapitel „Anlass und Ziel des DFG SPP Kompetenzdiagnostik", S. 3f.):

> „Ziel ist es, Kompetenzstruktur- und Kompetenzentwicklungsmodelle zu erarbeiten und empirisch zu prüfen, anhand derer sich valide und faire Messinstrumente auf zwei Ebenen konstruieren lassen: zum einen auf der Ebene der Förderung individueller Lernprozesse (im Sinne einer individuellen „Kompetenzdiagnostik"), zum anderen auf der Ebene von Untersuchungen zum Monitoring von Bildungsinstitutionen und Bildungssystemen („Assessment"). Abgerundet wird das Programm durch Forschung zur Nutzung von kompetenzbezogenen Messinstrumenten in unterschiedlichen pädagogischen Entscheidungskontexten."

Die zentralen Fragestellungen des angestrebten DFG SPP Kompetenzdiagnostik gliedern sich in vier aufeinander aufbauende Bereiche, die in Abbildung 1 verdeutlicht werden. In diesem Zwiebelschalenmodell besteht die praktische Anwendung all der genannten Bemühungen, wie man in der äußeren Schale lesen kann, in der Nutzung von Diagnostik und Assessment, also in diagnostischen Entscheidungen bezüglich individueller Lernergebnisse und in der Beobachtung und Bewertung (Monitoring) von Bildungsinstitutionen und Bildungssystemen. Zu dieser Nutzung führt laut Klieme & Leutner nur ein Weg: ausgehend von Kompetenzmodellen über psychometrische Modelle sowie Messkonzepte und Messverfahren. Unsere bezüglich Tabelle 3 angestellten Überlegungen zeigen aber, dass dieser Weg nicht zwingend ist. In der Schale der psychometrischen Modelle wird angesprochen, welche Eigenschaften diese haben sollen:

1. Abbildung quantitativer und qualitativer Unterschiede,
2. Veränderungssensitiv,
3. Berücksichtigung situativer Faktoren.

Mit diesen Eigenschaften sollen die psychometrischen Modelle entsprechend der Leitfrage 2 „die Kompetenzkonstrukte einer differenziellen Erfassung zugänglich" machen. Wir meinen hingegen, dass für diese differenzielle Erfassung, d.h.

die Erfassung unterschiedlicher Ausprägungen der betreffenden Kompetenz, ein psychometrisches Modell nicht zwingend nötig, in manchen Fällen sogar hinderlich ist.

Die Bezeichnung „Abbildung“ bei dem oben genannten Punkt 1 dürfte sich hier auf die Messtheorie beziehen. Dort wird Messen als eine strukturerhaltende Abbildung eines empirischen Relativs (Menge von Messobjekten samt der abzubildenden Relationen zwischen den Messobjekten) in ein numerisches Relativ verstanden (Zahlen). Die Strukturerhaltung kann verschieden restriktiv sein: sie kann Ordinal-, Intervall- und Verhältnisskalen erlauben. Im ersten Fall geben die Zahlen lediglich Rangplätze wieder, die keine Gleichabständigkeit zueinander haben müssen. Die Intervallskala hat dagegen Gleichabständigkeit, der Messwert 2 ist hierbei beispielsweise genau so weit vom Messwert 3 entfernt wie vom Messwert 1. Bei Verhältnisskalen kann man Messwerte ins Verhältnis setzen. So sind 30 m doppelt so lang wie 15 m. Dagegen sind 30° Celsius nicht doppelt so warm wie 15° Celsius, da die Temperatur in Celsius nur auf Intervallskalenniveau gemessen wird.

Der oben genannte Punkt 2 (Veränderungssensitivität) versteht sich von selbst, denn nur veränderungssensitive Messinstrumente können Lernfortschritte erfassen.

Was den Punkt 3 (Berücksichtigung situativer Faktoren) betrifft, verweisen wir auf die Diskussion des kontextuellen Charakters von Kompetenzen (Abschnitt 3.1.3).

3.5 Die zentrale Bedeutung der Aufgabenanalyse für *ComTrans*

3.5.1 Die Notwendigkeit von theoretisch fundierten Aufgabenanalysen wird gegenwärtig unterschätzt

Wir haben in Abschnitt 3.1 ausführlich begründet, dass ein grundlegendes und unverzichtbares Bestimmungsstück einer Kompetenz in der Angabe der Menge von Aufgaben besteht, die man ausführen kann, wenn man die Kompetenz besitzt. Akzeptiert man dies, dann sind elaborierte und theoretisch begründete Methoden zur Aufgabenanalyse und Aufgabendarstellung unerlässlich für die Kompetenzdiagnostik, die Rekonstruktion von Kompetenzmodellen und eine verstärkte Output-Orientierung mithilfe überprüfbarer Bildungsstandards. Dieser

Feststellung steht gegenüber, dass wissenschaftliche Arbeiten zu geeigneten Methoden der Aufgabenanalyse in Psychologie und Pädagogik ein Schattendasein fristen. Meist wird bei entsprechenden empirischen Untersuchungen ad hoc operationalisiert und dann statistischen Auswertungen vertraut, z.B. der empirischen Itemselektion bei der Testkonstruktion. Die Antragsteller des DFG SPP Kompetenzdiagnostik Klieme & Leutner (2006, S.6f.) haben zu Recht dieses Problem angesprochen. Wir haben dies bereits in Abschnitt 2.3 zitiert, wiederholen dieses Zitat aber wegen seiner Relevanz hier noch einmal:

> „Auch wenn einzelne (Schul-) Fächer diesbezüglich auf einem guten Weg sind […], wird bei der Entwicklung konkreter Aufgabenstellungen zur Diagnostik spezifischer fachbezogener Kompetenzen häufig deutlich, dass der Abstraktionsgrad der bisher entwickelten Kompetenzmodelle zu hoch ist. Insofern bleibt den Testentwicklern in aller Regel keine andere Wahl, als sehr große Mengen von Aufgaben zu entwickeln, diese Aufgaben empirisch zu erproben und dann im Nachhinein diejenigen Aufgaben beizubehalten, die dem jeweils verwendeten Testmodell entsprechen. Auf diese Weise sind z.B. die bei PISA international berichteten Kompetenzstufenmodelle entstanden (vgl. Klieme & Leutner 2006, S. 7). Die Kompetenzstufen sind allerdings nicht a priori theoretisch begründet, sondern nach Sichtung der testmodell-konform übrig gebliebenen Aufgaben post-hoc definiert worden, was aus theoretischer Perspektive wenig befriedigend ist.“

Obwohl immer wieder wohl begründete Kritiken an Ad-hoc-Operationalisierungen bei der Testkonstruktion und in der psychologischen Forschung vorgebracht wurden (vergleiche z.B. Loevinger, 1957; Holzkamp, 1964; Schott & Kretschmer, 1977; Schott 1983; 1992c), hat sich hier bis zu dem heutigen Tag nicht viel geändert.

Zwei Aspekte mögen dabei eine Rolle spielen: zum einen Sichtweisen zum theoretischen Konstrukt in der Psychologie, zum anderen Sichtweisen zur Lehrzielpräzisierung.

Ohne Zweifel ist das Konzept des „theoretischen Konstrukts" in der Psychologie wissenschaftstheoretisch sinnvoll und in der Forschungspraxis zweckmäßig. Es verhindert einen naiv-realistischen Blick auf die zu erforschenden psychologischen Fähigkeiten. Zum Beispiel lässt sich Extraversion als Persönlichkeitseigenschaften nicht in derselben Weise real vorfinden wie der Sand am Strand, vielmehr wird versucht, aus Regelmäßigkeit von Verhaltensweisen in bestimmten Situationen (etwa von den jeweiligen Antworten in einem Fragebogen), also von der jeweiligen Performanz, auf eine nicht beobachtbare Kompetenz zu schließen. Eine solche postulierte Kompetenz kann dann für die Beschreibung und Erklärung von Verhaltensweisen bestimmter Personen herangezogen werden. Diese Vorgehensweise verführt aber auch dazu, dass das zu rekonstruierende psychologische Konstrukt gleichsam die Bodenhaftung verliert, das heißt dass es sich nicht auf klar definierte Aufgabenmengen (bestimmtes Verhalten in bestimmten Situationen) bezieht. Was aber die Inhaltsvalidität eines Messinstruments für eine bestimmte psychologische Kompetenz betrifft, so kann diese nicht besser sein als die Qualität der Definition der Aufgabenmengen, auf die sie sich bezieht. So verwundert es nicht, dass viele psychologische Konstrukte, gerade solche, die mittels Fragebogen oder Tests rekonstruiert wurden, bald nach ihrem Erscheinen wieder von der Bühne der wissenschaftlichen Diskussionen verschwunden sind. Schiefele, Streblow, Ermgassen & Moschner (2003) berichten zum Beispiel von geringen Zusammenhängen zwischen angegebenen Lernstrategien in Fragebögen und tatsächlich ausgeführten Lernstrategien. Zu Zeiten des Behaviorismus, z.B. in der behavioristischen Verhaltenstherapie, war es üblich, dass man einer Person eine bestimmte Eigenschaft oder Fähigkeit, etwa ein bestimmtes Problemverhalten, erst dann zuschreiben durfte, wenn man dazu eine reliable Grundrate des Verhaltens erstellen konnte. Insgesamt versuchte man, Eigenschaften und Fähigkeiten von Personen aus unmittelbar beobachtbaren

Verhalten zu rekonstruieren und nicht mittelbar durch Tests und Fragebogen zu erstellen. Um nicht missverstanden zu werden: wir wollen nicht zum Behaviorismus mit seinen Problemen, die hier nicht zu erörtern sind, zurückkehren. Wir vermissen aber bei manchen psychologischen Untersuchungen im Rahmen der Lehr-Lern-Forschung und der empirischen Bildungsforschung jene wissenschaftliche Genauigkeit, die viele behavioristische Untersuchungen bei der Konzeption und Interpretation von Experimenten auszeichneten.

Was Sichtweisen zur Lehrzielpräzisierung betrifft, finden wir bei Pädagogen und Fachdidaktikern oft eine kritische bis ablehnende Einstellung. Viele verweisen dabei auf einen unangemessenen, einengenden Charakter detailliert formulierter Feinzielen hin, wie sie z.B. zurzeit des Behaviorismus und des Programmierten Unterrichtes gefordert wurden. Aus jener Zeit stammt auch die Einteilung in Richt-, Grob- und Feinziele, die nun wieder im Prinzip bei dem Dreischritt, um Bildungsstandards einer empirischen Prüfung zugänglich zu machen (vgl. Abbildung 7) übernommen wurde, indem Kompetenzanforderungen zwischen Bildungszielen und Aufgabenstellungen positioniert wurden. Als wir auf einer Tagung zur Kompetenzdiagnostik unseren Ansatz zur genauen Bestimmung von Kompetenzen vortrugen, wurden wir von einem namhaften Erziehungswissenschaftler des Rückfalls zum Behaviorismus bezichtigt ohne dass dieser selbst einen geeigneten Gegenvorschlag unterbreiten konnte. Nicht selten wird bei dieser Diskussion zur Lehrzielpräzisierung fälschlicherweise Genauigkeit mit der Angabe vieler konkreter Details verwechselt, ein Irrtum, auf den wir bereits in Abschnitt 3.1.2.1 bei der Behandlung der Grundstruktur von Kompetenzen hingewiesen haben.

Bei der didaktischen Ausbildung von Studierende der Lehrämter und bei der Lehrerfortbildung geht es leider kaum um die grundlegende Frage, wie die Lehrkraft es gewährleisten kann, dass ihre Schüler während des Unterrichts die Chance haben, das zu lernen, was sie nach dem Unterricht können sollen. Aber genau diese Frage mit der Vorgabe geeigneter Methoden der Unterrichtsplanung zu beantworten ist für einen output-orientierten Unterricht unverzichtbar.

Es gibt u.E. keinen prinzipiellen Unterschied zwischen den Anforderungen einer genauen Angabe von Lehrzielen für eine Unterrichtseinheit und der genauen Bestimmung einer präskriptiven Kompetenz bei der Rekonstruktion von Kompetenzmodellen. Die bereits in Abschnitt 3.1.4 angesprochene, nachvollziehbare Forderung nach einer übersichtlichen Strukturierung von Kompetenzen zwischen Bildungsstandards und Lehrzielen einer einzelnen Unterrichtseinheit entbindet nicht von der Notwendigkeit der Sicherung der Inhaltsvalidität (im Sinne der Kontentvalidität von Tests) von Kompetenzmodellen zur Überprüfung von Bildungsstandards. Die Inhaltsvalidität von präskriptiven Kompetenzen lässt sich nicht durch empirische Untersuchungen herstellen, sondern nur durch geeignete Beschreibungen von Aufgabenmengen. Hier verführt – wie schon ausgeführt – das Konzept des psychologischen Konstrukts, die Bodenhaftung zu den fachlichen oder fachdidaktischen Anforderungen zu verlieren. Ob eine Teilmenge von Aufgaben zu der Menge von Aufgaben gehört, die eine präskriptive Kompetenz bestimmt, kann aus methodologischen Gründen nicht empirisch, sondern nur durch fachliche Argumente entschieden werden!

Dazu ein Beispiel: Empirisch entschieden werden kann, ob *nach einem bestimmten Unterricht* Schüler, welche die Teilmenge A von Aufgaben einer Kompetenz lösen können auch die Teilmenge B von Aufgaben dieser Kompetenz lösen können. Zeigt sich hier eine hohe Korrelation, ohne dass die Aufgaben der Teilmenge B im Unterricht behandelt wurde, hat ein Transfer stattgefunden, welcher der Effizienz des Unterrichts dient. Wenn sich in diesem Fall keine hohe Korrelation zeigt, das Beherrschen der Aufgaben der Teilmenge B aber aus sachlichen Gründen unverzichtbar ist, dann muss der Unterricht geändert werden und ggf. hinreichend viel Zeit aufgewendet werden um das Erlernen der Teilkompetenz B zu gewährleisten.

Akzeptiert man unsere Argumentation, dann ist die genaue Bestimmung von Kompetenzen für Kompetenzmodelle zur Überprüfung von Bildungsstandards ebenso wie die Präzisierung von Lehrzielen einer Unterrichtseinheit zunächst ein Problem geeigneter, theoretisch begründeter Verfahren zur Aufgabenanalyse. Dies führt uns zum nächsten Abschnitt.

3.5.2 Die Aufgabenanalyse bei *ComTrans*

3.5.2.1 Kriterien für Aufgabenanalyse zur Bestimmung präskriptiver Kompetenzen

Auf die Bedeutung der Aufgabenanalyse für die Bestimmung präskriptiver Kompetenzen wurde bereits mehrfach hingewiesen. Dabei sollten entsprechende Verfahren zur Aufgabenanalyse aus unserer Sicht die folgenden 12 Kriterien erfüllen (vgl. Schott, 1992c):

1. Präzise Beschreibung der Inhalts(Situations-)komponente;
2. Präzise Beschreibung der Verhaltens(Aktions-)komponente;
3. Möglichkeit zum Benutzen von unterstützenden und vereinfachenden Darstellungen;
4. Darstellbarkeit in verschiedenen Auflösungsgraden;
5. Möglichkeit der Sicherung der parallele Kontentvalidität von Unterricht und Lernerfolgskontrolle in Bezug auf das Lehrziel bzw. die präskriptive Kompetenz (vgl. Abschnitt 4.2);
6. Hinreichende Ermöglichung der Realisationsinvarianz, das heißt, dass Beschreibungsformat der Aufgabenanalyse muss hinreichend gut gestatten, unterschiedliche Aufgaben, was die Oberflächenstruktur betrifft, mit derselben Bedeutung herzustellen was die Tiefenstruktur betrifft). Zum Beispiel sollte es möglich sein, den Blutkreislauf in einem bestimmten Grad der Detailliertheit textlich und bildlich verschieden darzustellen und dabei die wesentlichen Elemente und ihren Zusammenhang zu erhalten.
7. Auf möglichst viele Realitätsbereiche oder Fachgebieten anwendbar.
8. Universalität in dem Sinne, dass das Beschreibungsformat der Aufgaben unterschiedliche Kompetenzstrukturen gleichermaßen wiedergeben kann.
9. Erleichterung der präzisen Kommunikation von Lehrzielen, Lernaufgaben und Kompetenzen.
10. Systematik, das heißt, eine regelgeleitete Vorgehensweise sollte Unterweisung zur Anwendung der Aufgabenanalyse erleichtern.
11. Praktikabilität:
    - für das Anwendungsfeld;
    - für die Anwender.
12. Günstige Ausgangsbasis für weitere Forschung, vor allem in den Bereichen:

- Inhaltsstruktur der Lernaufgabe,
- Struktur der Verhaltenskomponente der Lernaufgabe,
- Quantifizierbarkeit von Lernaufgaben,
- Beziehungen zur Kognitionspsychologie,
- Instruktionstheorie.

13. Die Aufgabenanalyseverfahren GRIP und PLANA für rationale Aufgabenanalysen und die Bestimmung präskriptiver Kompetenzen

3.5.2.2 Die Aufgabenanalyseverfahren GRIP und PLANA für rationale Aufgabenanalysen und die Bestimmung präskriptiver Kompetenzen

In der Literatur finden sich viele Verfahren, wie man Aufgaben, Lehrziele oder Kompetenzen genau bestimmen kann. Dazu kann hier kein Überblick gegeben werden. Wir gehen hier nur auf wenige Verfahren ein, um grundlegende Probleme zu verdeutlichen.

Die vor einiger Zeit sehr prominente Zieloperationalisierung nach Mager (1977) betont die Angabe einer beobachtbaren Tätigkeit beziehungsweise eines beobachtbaren Produkts des Lernenden, weil man – wie schon ausgeführt – nur von der Performanz auf die Kompetenz schließen kann. Allerdings haben die Verben, die Tätigkeiten benennen, oft ein breites Spektrum von unterschiedlichen Bedeutungen. So kann man sich auf einen Stuhl setzen oder eine Bedingung setzen. Auch die Verben „Verstehen“ und „Anwenden“, die häufig zur Bestimmung von Lehrzielen verwendet werden, können sehr unterschiedlich verstanden werden. Darüberhinaus ist die Möglichkeit zur Beobachtung nur eine notwendige, nicht aber eine hinreichende Bedingung für eine genaue Bestimmung eines Lehrziels oder einer Kompetenz. Zum Beispiel kennzeichnen Mambo und Rumba zwei beobachtbare südamerikanische Tänze, aber nur die genaue Kenntnis der jeweiligen Choreografie erlaubt es, diese durch Beobachtung zu unterscheiden und zu beurteilen. Ein weiterer berechtigter Vorwurf, welcher der Zieloperationalisierung nach Mager zu Recht gemacht wird, ist, dass der Inhaltsaspekt von Zielen beziehungsweise Kompetenzen zu wenig berücksichtigt wird.

Dagegen berücksichtigt die Tyler-Matrix (Tyler, 1971), manchmal auch Verhaltens-Inhalts-Matrix oder Spezifikationstabelle genannt, den Inhaltsaspekt und den Verhaltensaspekt von Zielen gleichermaßen. Zur systematischen Einteilung des Verhaltensaspekts haben Bloom und Mitarbeiter (Bloom, 1965) die bereits erwähnte Taxonomie der kognitiven Lehrziele vorgelegt.

Diese Autoren haben viel Aufwand betrieben, um die Verben, die den Verhaltensaspekt kennzeichnen, z.B. wissen, verstehen, anwenden genau zu beschreiben und mit Beispielen zu erläutern. Heute werden in den Fachdidaktiken diese Verben manchmal, wie bereits erwähnt, „Operatoren" genannt. Dennoch bleibt eine Bestimmung solcher Operatoren unabhängig von den jeweiligen Inhalten problematisch. Ist z.B. das Verstehen des Lehrsatzes des Pythagoras dasselbe Verstehen wie das Verstehen der Ersten Hilfe bei Ohnmacht, und wie kann man das überprüfen?

Diese Überlegungen führten zu Entwicklung der Aufgabenanalyseverfahren GRIP und PLANA. Bei diesen Verfahren wird der Verhaltensaspekt extentional durch die Änderungen der Inhalte beschrieben, weil der Inhaltsaspekt von Aufgaben genauer bestimmbar ist als der Verhaltensaspekt mittels Verben, die oft, wie schon angesprochen, eine weite Bedeutungsvielfalt haben.

GRIP ist die Abkürzung für **G**eneral **r**epresentational **i**nstructional task **p**rocedure, früher ARL genannt (**A**llgemeines **R**epräsentationsverfahren für **L**ernstoffe, vgl. Schott 1975, 1991a). Das GRIP-Verfahren wurde ursprünglich zur Lehrstoffanalyse entwickelt. Da dabei die Struktur der zu vermittelnden Lehrstoffe formal so definiert wurde, wie wir auch die Struktur von Kompetenzen definieren (vgl. Abschnitt 3.1), lässt sich GRIP auch bei der Kompetenzanalyse und bei der Entwicklung von theoretischen Kompetenzmodellen verwenden. Aus unserer Sicht besteht die Struktur eines zu vermittelnden Lehrstoffes oder die Struktur einer zu vermittelnden Kompetenz gleichermaßen aus einer Klasse von Aufgaben, die man lösen kann, wenn man den Lehrstoff beziehungsweise die Kompetenz beherrscht und der Angabe eines Kompetenzgrades, der anzeigt, wie gut man diese Aufgaben lösen können soll. GRIP soll:

1. Eine theoretische und praktische Grundlage zur Einbeziehung von Kompetenz- bzw. Lernstoffeigenschaften in eine systematische Lehr-Lernforschung bereitstellen. Dies ist eine Grundlage, die eine Verbesserung gegenüber einer Analyse von Lernstoffen mit der Tyler'schen Lehrziel-

matrix, der Bloom'schen Taxonomie und der behavioristischen Lehrzielbestimmung im Sinne Magers darstellt.

2. Möglichst schulfachunabhängig sein.

3. Für die genaue Darstellung von Kompetenzen, Lernstoffen, Lehrzielen, Verhaltensänderungen und Lehrsequenzen sowie deren Strukturen gleichermaßen geeignet sein.

4. Die Darstellung von Teilkompetenzen und kontextübergreifenden Kompetenzen leisten. Das Beschreibungsverfahren soll daher z.B. ein nützliches Instrument zur Planung und Steuerung exemplarischen Lernens bzw. zur Erreichung lernobjektübergreifender Kompetenzen sein.

5. Die Konstruktion kontentvalider Aufgaben für die Kompetenzdiagnostik und für lehrzielorientierte Tests ermöglichen.

6. Die analytische Quantifizierung der Kompetenz aufgrund einer rationalen Aufgabenanalyse erlauben.

7. In der Lage sein, Kompetenzen und ihre Strukturen in der gewünschten Genauigkeit unmissverständlich darzustellen.

8. Möglichst ökonomisch und einfach sein.

9. Die Entwicklung von theoretischen Kompetenzmodellen unterstützen.

10. In vereinfachter Form ein nützliches Instrument bei der Lehrerausbildung (zum Umgang mit Lernstoffen) und Unterrichtsplanung sein.

Darüber hinaus sollte das Beschreibungsverfahren die Basis zur Konstruktion einer systematischen Terminologie für Begriffe wie „ Kompetenz", „Lehrstoff", „Lernstoff", „Lehrziel", „Inhalts-„ und „Verhaltensaspekt" von Kompetenzen oder Lehrzielen bilden.

Mit GRIP kann der Inhaltsaspekt von Kompetenzen bzw. von Aufgaben, hier Lernsachverhalte genannt, in drei Repräsentationsformen dargestellt werden, die untereinander eineindeutig überführbar sind: als Graph, Standarddarstellung und Sachverhaltsdimensionen. Diese Darstellungsarten gehen auf die Objektdarstellung von Dörner (1974, S. 30ff.) zurück, der sich wiederum auf die Objektdarstellung bezieht, die Newell, Shaw & Simon bei ihrem GPS („general problem solver“) verwendeten (vgl. Ernst, 1970, S. 56). Im Folgenden werden nur die wichtigsten Aspekte der Repräsentations- und Quantifizierungsmöglichkeiten von GRIP dargestellt.

Aus GRIP wurde das anwenderfreundlichere Verfahren PLANA (**P**rogramm zur **L**ernstoff-**Ana**lyse) für die Unterrichtplanung im Rahmen des Schwerpunktprogramms „Lehr/Lernforschung“ der Deutschen Forschungsgemeinschaft entwickelt und bei Lehrerstudenten und Lehrern erfolgreich evaluiert. Die Ausgangsfrage dabei war: Wie kann die Lehrkraft gewährleisten, dass ihre Schüler die Chance haben, während der Lehrstoffvermittlung das zu lernen, was sie später bzw. bei der Prüfung können sollen?

Unseres Wissens ist PLANA das einzige Verfahren zur Analyse und Präzisierung von Kompetenzen und Lehrstoffen, das durch umfangreiche empirische Untersuchungen mit Lehramtsstudenten und Lehrern erfolgreich evaluiert wurde (Schott, Wieberg & Neeb, 1981, 1984; Neeb, Schott & Wieberg, 1984; Schott, Neeb & Wieberg, 1984).

Zur Demonstration des Aufgabendarstellungsformat von GRIP und PLANA betrachten wir im Folgenden (vgl. Abbildung 11) eine sehr einfache Kompetenz und deren Änderung in einem Lernvorgang:

[Hh?] gibt den Anfangszustand einer Operation – hier Operation 1 – oder anders genannt, die Aufgabenstellung wieder, also „von dem Bundesland Hessen ist die Hauptstadt?“. Das Fragezeichen steht hier für eine Leerstelle, die durch einen Begriff ersetzt werden soll. Dies ist ein typischer Fall von „Faktenwissen“ einer relativ einfachen Kompetenz. Umgangssprachlich formuliert, lautet die Aufgabenstellung: „Wie heißt die Hauptstadt des Bundeslandes Hessen?“

Eine Kompetenz wird hier also durch eine Aufgabenklasse definiert, deren Aufgaben man lösen kann, wenn man die Kompetenz beherrscht. In diesem sehr einfachen Fall besteht die Aufgabenklasse aus nur einer Aufgabe. Die Aufgaben werden in Zustände zerlegt, den Anfangszustand bzw. die Aufgabenstellung und den Endzustand, die Aufgabenlösung. Gegebenenfalls können zu einer weiteren Präzisierung noch Zwischenzustände angegeben werden. Die Änderung von Anfangszustand zu Endzustand bei einer Aufgabe definiert extentional den Verhaltensaspekt, den Operator dieser Aufgabe.

Der Endzustand bzw. die Aufgabenlösung, ist hier [Hhf], also: „Die Hauptstadt von Hessen ist Frankfurt am Main", was bekanntlich nicht stimmt. Die folgende Operation 1, 1. Ordnung ist folglich falsch:

$$[[Hh?] <Z_{1.1}> [Hhf]]$$

Der Schüler wird entsprechend unterrichtet und er lernt, dass die Hauptstadt von Hessen Wiesbaden ist. Wird er dann wieder gefragt:

[Hh?]

Und antwortet richtig:

[Hhw]

So beherrscht er die richtige Kompetenz, die Operation 2, 1. Ordnung:

$$[[Hh?] < Z_{1.2}> [Hhw]]$$

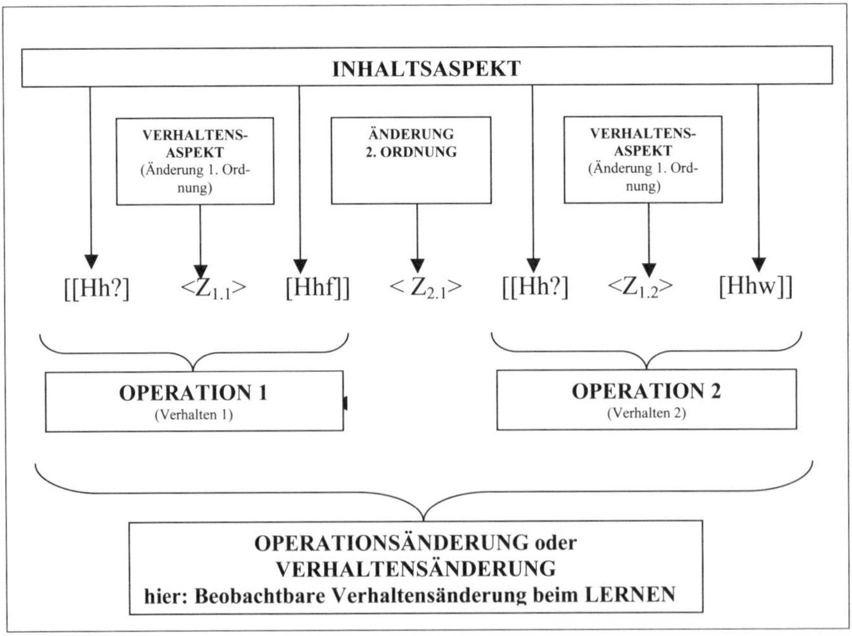

Abbildung 11: Aufgabenanalyse mit dem GRIP-Verfahren

Legende zu Abb. 11:

H: von x ist die Hauptstadt y; h: Bundesland Hessen – ?: Leerstelle, die es aufzufüllen gilt – f: Frankfurt am Main – w: Wiesbaden – $Z_{1.1}$: Operator 1. Ordnung, Nr.: 1, der die Zustandsänderung 1. Ordnung, Nr. 1 von Aufgabenstellung zu Aufgabenlösung bewirkt – $Z_{1.2}$: Operator 1. Ordnung, Nr.: 2, der die Zustandsänderung 1. Ordnung, Nr. 2 von Aufgabenstellung zu Aufgabenlösung bewirkt – $Z_{2.1}$ Operator 2. Ordnung, Nr.: 1, der die Zustandsänderung 2. Ordnung, Nr. 1 von Operation 1 zu Operation 2 bewirkt.

Der Schüler hat eine sehr einfache Kompetenz gelernt, nämlich das Faktenwissen zur Hauptstadt von Hessen. Dies führte zunächst zu einem falschen Ergebnis und wurde so verändert, dass es nun zum richtigen Ergebnis führt. Lernen äußert sich demzufolge in einer Verhaltensänderung, in unserer Terminologie in einer Operationsänderung von Operation 1, 1. Ordnung zu Operation 2, 1. Ordnung, also:

$$[[Hh?] <Z_{1.1}> [Hhf]] < Z_{2.1}> [\ [Hh?] < Z_{1.2}> [Hhw]]$$

Hierbei ist $Z_{2.1}$ der Operator 2. Ordnung, Nr. 1. Dieser beschreibt das Lernen, also die Operationsänderung, genau. Im gegebenen Fall besteht diese Operationsänderung darin, dass die falsche Stadt durch die richtige ersetzt wird, wenn es um die Hauptstadt von Hessen geht. Die Kompetenz besteht also immer aus einer durch eine Zustandsänderung beschriebenen Operation. Lernen ist dann eine Änderung der Zustandsänderung, also eine Änderung 2. Ordnung. Änderungen 3. Ordnung können die Art und Weise des Lernprozesses beschreiben, darauf wird hier nicht eingegangen.

Im Rahmen dieser Darstellung können wir nicht darauf eingehen, wie mittels GRIP die Inhaltsstrukturen und die Verhaltensstrukturen von Aufgaben dargestellt und quantifiziert werden können, Näheres findet sich bei Schott (1975, 1992a).

PLANA wird kurz als Buchbeitrag (Schott & Seidl, 1997) und ausführlich in Buchform dargestellt (Schott, Wieberg, & Neeb, 1981b) sowie von Klauer (1997) im Vergleich mit anderen Verfahren zur Gestaltung von Unterricht besprochen. Weitere Literaturangaben zu PLANA und dessen empirischer Evaluation finden sich in Abschnitt 4.2.6. Im Rahmen der Entwicklung von *ComTrans*, insbesondere der Entwicklung von KLU, wird PLANA nun weiterentwickelt (vgl. Abschnitt 4.2).

4 Wie *ComTrans* einen kompetenzorientierten Unterricht fördern kann – auch wenn die Rekonstruktion theoretischer Kompetenzmodelle nicht möglich ist

4.1 Instruktionstheoretische Überlegungen zu *ComTrans*

4.1.1 Ein theoretischer Rahmen für eine Instruktionstheorie

UCIT ist Abkürzung für Universal Constructive Instructional Theory. In den 1990er Jahren haben Sanne Dijkstra, Franz Schott, Norbert Seel und Robert Tennyson als Herausgeber und Autoren an einem zweibändigen Werk mit dem Titel: „Instructional Design: International Perspectives" gearbeitet. Darin haben Schott & Driscoll (1997) die erste Variante von UCIT vorgestellt. Weiter entwickelt findet sich UCIT in Schott, Grzondziel, & Hillebrandt (2001 und 2002).

4.1.1.1 Wozu eine Instruktionstheorie?

1. **Aus einer konzeptuellen Sicht:**
   begrifflich zu strukturieren: das Feld der Wissensvermittlung, des Wissenstransfers bzw. der Instruktion durch einen Begriffsrahmen strukturieren;

2. **aus der Sicht der empirischen Forschung:**
   den Problemraum von Instruktion beschreiben;
   relevante Forschungsfragen formulieren;

3. **aus der Sicht der Praxis:**
   einen konzeptuellen Rahmen für praktische Interventionen bei der Gestaltung von Lern- und Informationsumgebungen bereitzustellen.

4.1.1.2 Ebenen der Analyse des Wissenstransfers (bzw. der Instruktion):

1. Ebene: konkrete Ereignisse der Instruktion
bezieht sich auf beobachtbare, vorzufindende Ereignisse während einer Instruktion. Zum Beispiel fragt ein Ausbilder die Lehrlinge nach der Begründung einer bestimmten Unfallschutzmaßnahme.

2. Ebene: Methoden der Instruktion
Sieht man bei den vorzufindenden Ereignissen einer Instruktion von den situationsbedingten Besonderheiten ab und sucht die zugrunde liegenden Regeln und Strategien, dann gelangt man durch Abstraktion und/oder Konstruktion zur zweiten Ebene der Analyse. In unserem Beispiel geht der Ausbilder im Sinne eines fragend-entwickelnden Lehrer-Schüler-Gesprächs vor. Manchmal sind diese Vorgehensweisen sorgfältig ausgearbeitet. Sie stellen dann das Ergebnis von Methoden der Instruktionsplanung bzw. des Wissenstransfers dar und realisieren bestimmte Lehr- oder Informationsmethoden. Auch Methoden des Informierens oder des „Wissensdesigns" gehören zu dieser zweiten Ebene.

3. Ebene: Grundlagen der Methoden der Instruktion
Sieht man bei den vorzufindenden Methoden des Wissenstransfers, also bei den vorzufindenden Regeln und Strategien der Instruktion und der Information von ihren Unterschieden ab, und sucht ihre Grundlagen, dann gelangt man durch Abstraktion und/oder Konstruktion zur dritten Ebene der Analyse. Diese dritte Ebene betrifft die theoretischen Konzepte, die den verschiedenen Methoden und Modellen der Gestaltung von Instruktion zugrunde gelegt werden können bzw. sollen.

Eine solche Theorie enthält Prinzipien, die für alle solche Methoden und Modelle gelten sollen und wird hier „Instruktionstheorie" genannt. Eine Instruktionstheorie dient so gesehen als Theorie der Technik zur Bereitstellung von Lern- und Instruktionsmöglichkeiten, kurz als Theorie der Instruktionstechnologie – es ist eine präskriptive Theorie. Dabei bezieht sich der Begriff Instruktionstechnologie auf alle Vorkehrungen für diese Bereitstellung – nicht nur auf Geräte und Programme zu deren Betrieb. Die leider immer wieder anzutreffende Verkürzung des Begriffs Instruktionstechnologie auf elektronische Hardware samt dazugehöriger Software, wie sie immer wieder auf einschlägigen Messen, in den Massenmedien und leider auch in manchen wissenschaftlichen Fachdiskussionen und -publikationen zu finden ist, schafft eine unnötig einseitige Betrachtung und daher oft auch unnötige Aversionen gegen die Technik. Diese Betrachtungsweise ist abzulehnen, da letztlich doch über die unmittelbare Technik der „Neuen Medien“ hinaus jeweils die gesamte Lernumgebung ganzheitlich betrachtet werden muss, wenn Instruktion nachhaltig erfolgreich sein soll. Neben und mit der Instruktionstheorie, als einen Ansatz der Empirische Bildungsforschung oder der Pädagogischen Psychologie, sollten natürlich andere Wissenschaftszweige ihren Beitrag zur Gestaltung von Instruktion leisten, wie z.B. Erziehungswissenschaft, Philosophie, Soziologie und die jeweiligen Fachwissenschaften, welche die Inhalte der Wissensvermittlung liefern.

Die hier vorgenommenen Abstraktionen beziehen sich auf die Art der Betrachtung von Wissenstransfer. Die einzelnen Regeln und Methoden auf der zweiten Ebene und die Grundlagen auf der dritten Ebene können durch bloße Abstraktion nicht gewonnen, sondern müssen eigens entwickelt – also konstruiert – werden. Um festzulegen, was hier zu konstruieren ist, ist es nützlich, zunächst die Forderungen zu formulieren, die an eine Instruktionstheorie gestellt werden sollen.

4.1.1.3 Forderungen an eine Instruktionstheorie

Aus unserer Sicht sind die folgenden Forderungen an eine Instruktionstheorie zu stellen:

1.) präskriptiv

Eine Instruktionstheorie betrifft eine angewandte Wissenschaft, also eine Technologie im weiten Sinne und ist daher präskriptiv, mit dem Gütekriterium der Effizienz. Der präskriptive Aspekt stützt sich in der Regel auf den deskriptiven und normativen Aspekt. Die drei Aspekte sind, wie schon ausgeführt, voneinander:

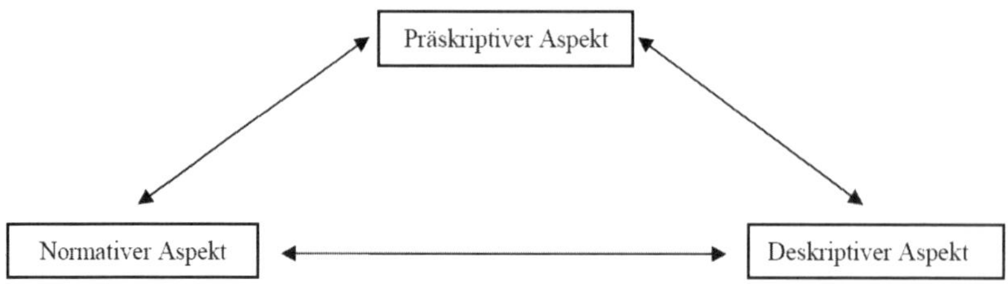

2.) universell
Eine Instruktionstheorie sollte für alle Fälle von beabsichtigten Wissenstransfer bzw. Instruktion und Information, geeignet sein.

3.) systemisch
Eine Instruktionstheorie sollte die Wechselwirkungen aller relevanten Faktoren wie Lernende, Lernaufgaben, Lernumgebungen und Umfeld hinreichend beachten.

4.) ganzheitlich
Eine Instruktionstheorie sollte die jeweiligen Lernepisoden in „natürlichen" Einheiten als Ganzes betrachten. Diese Forderung hängt ab von dem Verständnis von „natürlicher Einheit". Mit dieser Forderung soll angestrebt werden, dass zu planende Vorhaben des Wissenstransfers nicht in Teilaspekte zergliedert werden, die den intendierten Zusammenhang zerstören.

5.) konstruktiv
Eine Instruktionstheorie sollte den Aspekt „konstruktiv" in dreifacher Hinsicht beachten:

1. eine Instruktionstheorie kann nicht induktiv durch viele empirische Experimente gefunden werden, sondern muss – wie jede Theorie – konstruiert werden. Das bedeutet, dass sich die Konstruktion einer Instruktionstheorie auf konzeptuelle Überlegungen und empirische Ergebnisse stützen muss.

2. Lernen ist im Sinne der neueren kognitiven Psychologie ein konstruktiver Prozess, bei dem neues Wissen in das vorhandene Vorwissen des Lernenden eingegliedert wird.

3. Ebenso ist Instruieren oder Informieren ein Vorhaben, das jeweils konstruiert werden muss. Deshalb spricht man auch vom Instruktions- und Wissensdesign, wobei „Design" „Gestalten" oder „Konstruieren" meint.

6.) human
Eine Instruktionstheorie sollte, als eine auf Menschen angewandte Technologie, die Persönlichkeit des Individuums respektieren.

7.) psychologisch
Menschen können, wenn sie müssen, alles Mögliche mit den unterschiedlichsten geeigneten und weniger geeigneten Unterrichtsmethoden lernen. Wenn man die Art der menschlichen Informationsverarbeitung berücksichtigt, kann man dieses Lernen erleichtern. Eine Instruktionstheorie sollte deshalb mit und nicht gegen die Natur des Menschen konstruiert werden. Dies bedeutet, die Psychologie des Menschen in ihren vielen Facetten (Lern-, Denk-, Motivations-, Sozialpsychologie usw.) aus präskriptiver Sicht zu beachten – nicht aber jede aktuelle psychologische Theorie kritiklos anzuwenden. Die Kriterien für eine Anwendung sind die Effizienz, ein empirisch zu prüfendes Kriterium.

8.) anwendbar
Eine gute Instruktionstheorie (eine gute Instruktionstheorie) sollte für potenzielle Anwender relativ leicht anwendbar sein, diese z.B. kognitiv nicht überfordern (dies verweist wiederum auf das Kriterium der Effizienz). Eine Theorie für angewandte Probleme oder eine Handlungsanweisung kann konzeptionell noch so gut und empirisch noch so erfolgreich evaluiert sein, wenn sie für die betreffenden Anwender zu kompliziert ist, wird sie nicht verwendet.

4.1.1.4 Bausteine von UCIT
Dies sind die Bausteine von UCIT, sie werden im Folgenden näher erläutert (vgl. auch Abbildung 14).

1. drei Funktionen:

- Erwerb von Wissen
- Speicherung von Wissen
- Nutzung von Wissen

2. vier Komponenten:

- Lernender
- Netto-Lernstoff
- Lernumgebung
- Randbedingungen

3. Analytischer Gestaltungsraum

4. Synthetisches, situatives Möglichkeiten-Grenzen-System: das Gestaltungsergebnis

Eine Version einer spezifischen Gestaltungslösung als wesentlicher Baustein von UCIT, bestehend aus:

a) rekonstruierte, situative Lernaufgabe,

b) rekonstruierte, situative Lernumgebung,

c) Lernender (wie unter Punkt 2),

d) Randbedingungen (wie unter Punkt 2).

Zu 1.) Drei Funktionen: Wissensnutzung, -erwerb und -speicherung
Wissen ist nicht um seiner selbst da, es wurde in der Regel erzeugt um damit jeweils bestimmte Ziele zu erreichen. Die Möglichkeit einer Wissensnutzung steht im Vordergrund. Wenn ein Individuum für ein bestimmtes Vorhaben nicht genügend Wissen besitzt, sollte es das fehlende Wissen durch Wissenserwerb aneignen. Das erworbene Wissen kann das lernende Individuum, um es dauerhaft zur Verfügung zu haben, durch eine Wissensspeicherung ganz oder teilweise intern, also „im Kopf", oder extern z.B. auf Papier oder in einem Computer speichern. Zwischen Wissenserwerb und Wissensnutzung wird deshalb unterschieden, weil man das erworbene Wissen intern oder extern speichern kann. Wenn wir hier und im Folgenden von „Wissen", „Wissenstransfer" oder „Wissensvermittlung" sprechen, dann bezieht sich dies auf einen weiten Wissensbegriff, der sämtliche Arten von Fähigkeiten betreffen kann, also nicht nur Fakten-

wissen, sondern alle möglichen Kompetenzen mit mehr oder wenig großen kognitiven, emotionalen, volitionalen oder motorischen Anteilen.[11]

Zu 2.) Vier Komponenten: Nettolernstoff, Lernende, Lernumgebungen und Randbedingungen

Wenn ein Vorhaben der Wissensvermittlung konstruiert werden soll, dann muss zunächst geklärt werden, mit welchen Möglichkeiten und Grenzen man es dabei zu tun hat. Quellen dieser Möglichkeiten und Grenzen sind die Elemente, die bei jeder Wissensvermittlung vorkommen. Als Ausgangspunkt für diese Überlegungen ist das Didaktische Dreieck nützlich (vgl. Abbildung 12).

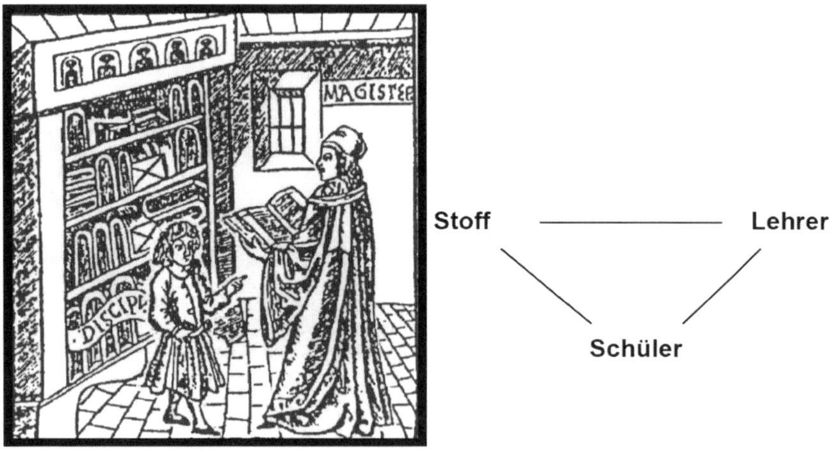

Abbildung 12: Das Didaktische Dreieck (Erläuterungen im Text)

Die Abbildung 12 zum Didaktischen Dreieck zeigt eine multimediale Lehr-Lern-Situation aus dem Mittelalter. Diese Lehr-Lern-Situation ist multimedial, weil zwei Medien eingesetzt werden, ein Lehrer (der Magister) und ein Buch (vielleicht auch noch mehr Bücher, die im Regal stehen). Das Didaktische Dreieck besteht aus dem *Schüler* (in der Abbildung dem Discipus), dem zu vermittelnden *Stoff* und dem *Lehrer*. Es soll folgendes Problem veranschaulichen: Mit welcher Art der Lehre (vertreten durch den Lehrer) sollte ein bestimmter Stoff einem bestimmten Schüler beigebracht werden?

11 Ausführlich Überlegungen zu den Begriffen Wissen, Information und Kompetenz finden sich bei Seiler (2008) sowie bei Schott (2008).

Vom Schüler zum Lernenden
Wenn wir vom lebenslangen Lernen sprechen und so auch Erwachsene lernen, z.B. Studenten oder bei einer beruflichen Umschulung, dann sollte man generell von Lernenden und nicht von Schülern sprechen.

Vom Stoff zum Nettolernstoff
Der Nettolernstoff ergibt sich, wenn man beim Lernziel, d. h. dem Bruttolernstoff von dem absieht, was der Lernende bezüglich des Lernzieles schon weiß und kann. Um es beim Nettolernstoff geht, wird mithilfe von Abbildung 13 erläutert. Man kann beim Unterrichten Vier Stadien unterscheiden. Das erste Stadium betrifft die Lehrzielbestimmung, in unserem Ansatz als Aufgabenmengen (in der Abbildung als Aufgabenklassen bezeichnet). Das Lehrziel beschreibt den Brutto-Lernstoff, z.B. schriftlich dividieren können. Das zweite Stadium betrifft die Diagnose des Lernenden hinsichtlich seines Vorwissens bezüglich des Lehrziels. In unserem Beispiel können die Schüler schon schriftlich addieren, subtrahieren und multiplizieren. Was ihnen also zum schriftlichen Dividieren noch fehlt, ist lediglich der Algorithmus des schriftlichen Dividieren ist. Das ist der Netto-Lernstoff, der Gegenstand des Unterrichts ist. Das vierte Stadium schließlich betrifft die Diagnose des Unterrichtserfolges, als er die Lernerfolgskontrolle. Die Abbildung 13 verdeutlicht noch einmal die Bedeutung der genauen Formulierung von Aufgabenmengen für die Bestimmung eine präskriptive Kompetenz, wenn ein kompetenzorientierter Unterricht erfolgreich sein soll.

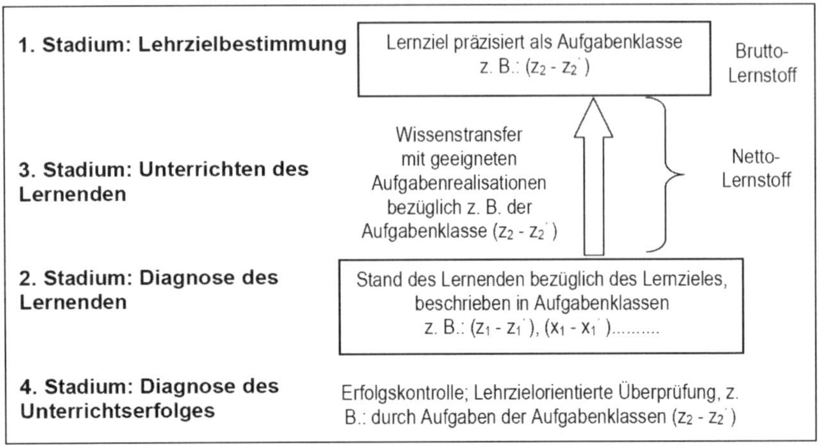

Abbildung 13: Vier Stadien des Wissenstransfers im Unterricht, Erläuterungen im Text

Der Stoff, bzw. der Nettolernstoff, ist nicht einfach in den Büchern in der obigen Abbildung 12 einer mittelalterlichen, multimedialen Lehr-Lern-Situation so auffindbar, dass er dem Schüler vermittelt werden kann. Vielmehr muss er für den jeweiligen Unterrichtszweck und die jeweiligen Lernenden aufbereitet werden. Wenn etwa in unserem Beispiel der Stoff die Zehn Gebote sind, dann wird das Gebot „Du sollst nicht ehebrechen!" bei einem achtjährigen Schüler anders behandelt als bei einem Achtzehnjährigen. Lernstoffe sollten immer mehr oder weniger für den jeweiligen Zweck der Wissensvermittlung *rekonstruiert* werden. Dabei werden sie von den Planern der Wissensvermittlung aus ihren Quellen, wie schon erwähnt, *dekontextualisiert* und für den jeweiligen Vermittlungszweck rekonstruiert in einem neuen Kontext, also *rekontextualisiert.* Wenn der oder die Lernende bei der Wissensaneignung den betreffenden Stoff aufnimmt, dann *dekontextualisiert* er oder sie diesen Wissensbestand aus dem Vermittlungsarrangement (z.B. dem Unterricht) und *rekontextualisiert* diesen Wissensbestand, indem er ins eigene Vorwissen integriert wird. Die doppelte Folge von Dekontextualisierung und Rekontextualisierung findet in der Regel bei jeder Wissensvermittlung statt, ganz gleich ob es um eine Wissensvermittlung geht, die nur kurzen Bestand haben soll, wie eine Auskunft im Bahnhof oder eine Information über touristische Ziele, oder die langfristigen Bestand haben soll, wie meist im Schulunterricht.

Vom Lehrer zur Lernumgebung
Vom Lehrer, der im Didaktischen Dreieck für die Unterrichts- bzw. Erziehungsmethode steht, kommen wir zur Lernumgebung, die neben dem Lehrer alles einschließt, was für den Wissenstransfer planbar eingesetzt werden kann: z.B. Lehrmaterialien, Medien, Räume, Zeitabschnitte, Mitlernende.

Randbedingungen
Dieser Aspekt ist im Vergleich mit dem Didaktischen Dreieck neu! Hiermit sind alle Aspekte eines geplanten Wissenstransfers gemeint, die man nicht beeinflussen kann, die man aber berücksichtigen muss. Beispiel: Die Sexualkunde in einer streng katholischen Kleinstadt muss diesbezüglich andere Randbedingungen berücksichtigen als in Berlin Kreuzberg.

Zu 3.) Analytische Konstruktionselemente

Analytisches, situatives Möglichkeiten-Grenzen-System: der Gestaltungsraum
Das analytische, situative Möglichkeiten-Grenzen-System, kurz der Gestaltungsraum der geplanten Wissensvermittlung bestimmt die Möglichkeiten und Grenzen der beabsichtigten Intervention (statt von „Instruktion" sprechen wir hier und im Folgenden auch von „geplanter Wissensvermittlung" oder von „geplanten Wissenstransfer"). Quellen dieser Möglichkeiten und Grenzen sind die oben eingeführten drei Funktionen und vier Komponenten in ihren jeweiligen situationsbezogenen Eigenschaften. Betrachtet man die Gestaltung eines geplanten Wissenstransfers als Problemlösung, dann ist der Gestaltungsraum analog zum Problemlösungsraum in der Denkpsychologie zu betrachten. Dort beschreibt der Problemlösungsraum die Menge der möglichen Operationen und Operationsfolgen, ein Problem zu lösen. Die Planung einer Wissensvermittlung – ganz gleich ob sie in einer Schule mit traditionellen Unterricht geschieht oder durch ein multimediales, computergesteuertes Lernprogramm – ist ein konstruktiver Akt, ähnlich dem Maschinenbau oder der Architektur. Entsprechend haben Goel & Pirolli (1989) „the cognitive skill of designing" bei Ingenieuren, Achitekten und Instruktionsdesignern (d.h. Lehrgangsgestaltern) vergleichend, als einen Fall ähnlicher Informationsverarbeitung, untersucht. Diese Autoren nennen den Gestaltungsraum „design problem space".

Die analytischen Konstruktionselemente von UCIT bestehen also aus drei Funktionen und vier Komponenten die zusammen das analytische, situative Möglichkeiten-Grenzen-System, kurz den Gestaltungsraum oder Problemraum, eines geplanten Wissenstransfers bilden.

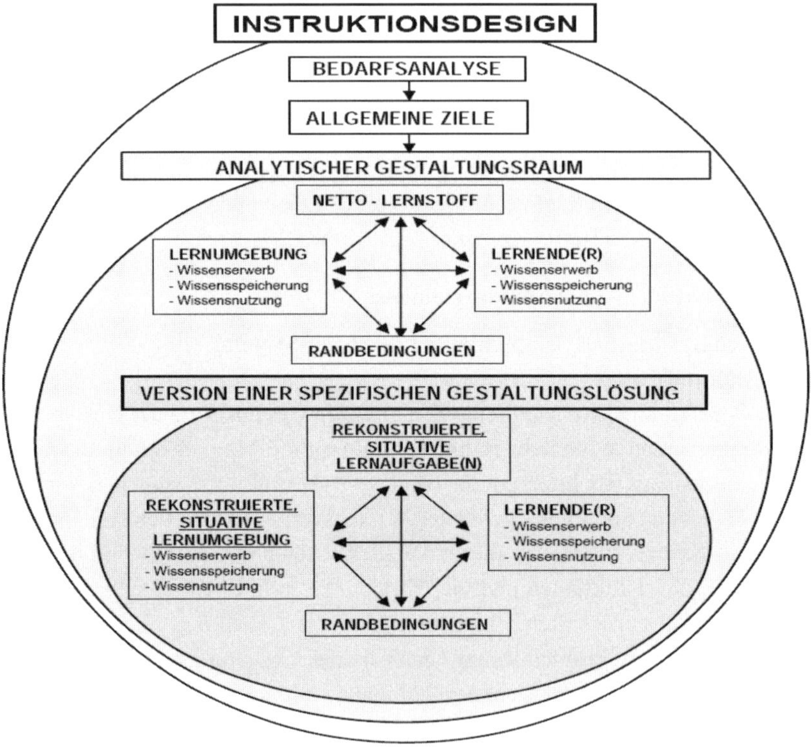

Abbildung: 14: Das Dresdner Ei – Darstellung der verschiedenen Bausteine von UCIT, Näheres im Text

Synthetische Konstruktionselemente

Während die analytischen Konstruktionselemente die Diagnose betreffen, welche Möglichkeiten und Grenzen man bei einem Vorhaben der Wissensvermittlung hat, beziehen sich die synthetischen Konstruktionselemente auf die Gestaltung der auf dieser Diagnose fußenden Intervention. Diese Gestaltung betrifft zwei der vier o.g. analytischen Komponenten. Die Lernenden und der Bezugsrahmen müssen zunächst hingenommen werden, so wie sie sind. Zum Zweck der Vermittlung können der Nettolernstoff und die Lernumgebung verändert werden. Langfristig ist es auch möglich, Einfluss auf die Lernenden zu nehmen und ihr Vorwissen zu verändern.

a) Rekonstruierte, situative Lernaufgaben (kurz: RLT)

Die rekonstruierten situativen Lernaufgaben (RLT für Reconstructed situated Learning Task) verhelfen zum Erwerb des Nettolernstoffes und damit des Lernzieles.

b) Rekonstruierte, situative Lernumgebung (kurz: RLE)

Die rekonstruierte situative Lernumgebung (RLE für Reconstructed situated Learning Environment) beschreibt alles, was zur Erreichung des Lernzieles geplant wird. Sie kann umfassen: Lehrende, Mitlernende, weitere Lernhelfer, Lehrmaterialien, Lehr-Lern-Medien, Zeitplanung, Räume usw.

c) Synthetisches, situatives Möglichkeiten-Grenzen-System: das Gestaltungsergebnis

Das synthetische, situative Möglichkeiten-Grenzen-System als Ganzes stellt das Gestaltungsergebnis eines geplanten Wissenstransfers dar. Im Rahmen der Ausgestaltung von *ComTrans* entwickeln wir zurzeit UCIT weiter.

4.1.1.4 Zur Diskussion: Wie empirisch kann eine Instruktionstheorie sein?

„Instruktionstheorie" im Sinne einer Theorie der Gestaltung von Lehr-Lern-Prozessen oder der Wissensvermittlung wird in der Pädagogischen Psychologie und in der empirischen Bildungsforschung wenig diskutiert (vgl. Schott & Driscoll, 1996). Gagné & Dick (1983) unterschieden „models of instructional theory" von „models of instructional design": Während erstere ihre Aussagen ausdrücklich auf die Lernpsychologie beziehen, ist es für letztere nicht nötig, eine Begründung für die Beziehung zwischen Unterrichtsmaßnahme und Lernprozessen zu geben. Sie haben den Zweck, effiziente Verfahrensweisen zusammenzustellen, mit denen Unterweisung, insbesondere in ganzen Lehrgängen, gestaltet wird. Die Grenzen sind fließend bei dieser Zweiteilung. Dass Methoden der Wissensvermittlung zumindest auch aus der Sicht der Lerntheorien zu betrachten sind, leuchtet aus der Sicht der Psychologie unmittelbar ein, dass sie dann einer „instructional theory" entstammen nicht. Denn wo findet sich diese Instruktionstheorie, worin besteht sie?

Wenn das Gespräch darauf kommt, dann wird häufig darauf verwiesen, dass eine Instruktionstheorie „empirisch" sein müsse. Entsprechend würde UCIT für die meisten in der Pädagogischen Psychologie tätigen Wissenschaftler keine Instruktionstheorie sein. Was ist nun damit gemeint, dass eine Instruktionstheorie „empirisch" sein müsse? Offensichtlich dass sie an Erfahrung scheitern können müsse. So pauschal gesehen gäbe es in der Psychologie (und in anderen Erfahrungswissenschaften) gar keine empirischen Theorien, denn die Bedeutungen der jeweiligen Begriffe, mit denen eine Theorie formuliert wurde, sind empirisch nicht prüfbar, es sind mehr oder weniger nützliche Konventionen. Wir können Begriffe wie „Lernende", „Nettolernstoff", „Lernumgebung" nicht empirisch durch Experimente prüfen – wohl aber können sie sich durch unsere Erfahrung und dem Umgang mit ihnen als nützlich erweisen. Es können also nur bestimmte, von einer Theorie behauptete Zusammenhänge sein, die empirisch überprüfbar sind (d.h. die einen „empirischen Gehalt" haben). Um diese Zusammenhänge zu behaupten, bedarf es also schon der empirisch nicht prüfbaren Begriffe.

Franz Schott, ein Autor dieses Textes, der die Entwicklungen rund um Instruktionstheorien und Unterrichtstheorien in der Pädagogischen Psychologie und in den Erziehungswissenschaften jahrzehntelang verfolgt hat, stimmt dem Resümee von Weinert (1996, S. 41) zum Stand der Lernforschung für die Vermittlung von Wissen zu, das hier noch einmal wiederholt werden soll:

> „... diese unbefriedigende Situation ..."
>
> „wird sich auf der Basis der gegenwärtig bevorzugten Forschungsstrategie auch künftig kaum verändern. Instruktion bleibt vermutlich die wissenschaftlich zwar fundierte, aber nur durch gesunden Menschenverstand, praktische Vernunft und plausible Erfahrungsgeneralisation nutzbare Anwendung von Prinzipien, die eigentlich keine Prinzipien sind.

> Änderungen verspricht allen der Vorschlag Bereiters (1990), von der bloßen Anwendung traditioneller Lerntheorien zur Entwicklung pädagogisch orientierter Lernmodelle überzugehen. Das würde bedeuten, dass nicht nur in den Ergebnissen der Grundlagenforschung nach Anwendungsmöglichkeiten gesucht wird, sondern dass auch mit anwendungsorientierten Fragestellungen Grundlagenforschung zu betreiben wäre."

Um die unbefriedigende Situation zu überwinden empfiehlt also Weinert „dass auch mit anwendungsorientierten Fragestellungen Grundlagenforschung zu betreiben wäre." Er dürfte damit eine Ausweitung der Fragestellungen in der Allgemeinen Psychologie gemeint haben. Dies wird jedoch unseres Erachtens nicht ausreichen. Das Fehlen eines breit akzeptierten terminologischen Gerüstes, wie wir es hier mit UCIT vorgeschlagen, behindert den Fortschritt u.E. stärker, als zurzeit bemerkt wird. Es besteht der unausgesprochene Glaube, dass mit vielen – zum Teil sehr eindrucksvollen – experimentellen Einzelergebnissen, die häufig mit unterschiedlichen Begriffen beschrieben werden, irgendwann das Gebäude der „empirischen" Instruktionstheorie entstehen wird (vgl. das Beispiel vom Bau des Kölner Doms in Abschnitt 3.5). Nicht nur unsere Argumente, sondern auch der Blick auf Erfahrungswissenschaften mit längerer Tradition als die Psychologie wie die Physik zeigen, dass dies nicht der Fall sein wird!

Darüber hinaus ist – wie schon erläutert – zu beachten, dass eine Instruktionstheorie eine präskriptive Theorie sein sollte, die zumindest schwerpunktmäßig andere Gütekriterien hat als eine deskriptive Theorie in z.B. der Allgemeinen Psychologie. Auch dies bleibt zurzeit weitgehend ohne Berücksichtigung und behindert u.E. einen eigenständigen Fortschritt der empirischen Bildungswissenschaft (trotz ihrer gegenwärtigen Blüte) und der Pädagogischen Psychologie als angewandte, d.h. präskriptive Wissenschaften.

4.2 KLU – ein Ansatz zur Förderung des kompetenz-orientierten Lernens im Unterricht

KLU ist die Abkürzung von kompetenz-orientiertes Lernen im Unterricht. Ein Verfahren zur Förderung von KLU wurde von uns entwickelt, weil wir die Erfahrung machten, dass die angehenden Lehrer häufig wenig lernen, wie sie gewährleisten können, dass ihre Schüler die Chance haben, während des Unterrichts das zu lernen, was sie hinterher können sollen. Aber gerade dies ist eine unabdingbare Voraussetzung für ein output-orientiertes Bildungswesen.

4.2.1 Das Anliegen von KLU

Die Kompetenz von Lehrern sollte verschiedene Teilfähigkeiten umfassen. Darunter fallen z.B. die Fachkompetenz, die Klassenführungskompetenz, die Förderung der Fähigkeiten bei den Schülern zu sozialem Miteinander, Selbstverantwortung und kritischem Denken sowie der Umgang mit Eltern und Kollegen. Wir konzentrieren uns hier *nur* auf die Teilkompetenz von Lehrern, Lehrziele des betreffenden Lehrplans als Ziele von Unterrichtseinheiten zu präzisieren, den Schülern zum Erreichen dieser Ziele zu verhelfen und eine zielgerechte Lernerfolgskontrolle und Qualitätssicherung des Unterrichts durchführen zu können. Diese Teilkompetenz nennen wir die Fähigkeit kompetenzorientiertes Lernen im Unterricht, also KLU, zu gewährleisten.

Die Güte des Unterrichts in der Schule und in anderen Bildungsinstitutionen ist heute ein entscheidender Faktor für das nationale und individuelle Wohlergehen. Ein unverzichtbares Gütemerkmal des Unterrichts ist – wie bei jeder praktischen Handlung – die Effizienz. Bereits in Abschnitt 3.2.2 wurde auf die grundlegende Bedeutung des Gütekriteriums ist der Effizienz für den Unterricht hingewiesen.

Unsere langjährige Erfahrung mit Lehramtsstudenten und Lehrern sowie das Studium der einschlägigen Fachliteratur zeigen, dass die Kompetenz der Lehrer zum KLU bis in die jüngste Zeit kaum gefördert wurde und wird und dass es dafür auch weitgehend keine erprobten Konzepte gibt. Die Verbesserung dieser Kompetenz erfordert präskriptive Forschung in interdisziplinärer Zusammenarbeit zwischen Wissenschaftlern aus den Fachdidaktiken, der Allgemeinen Didaktik und der empirischen Lehr-Lern-Forschung.

„Fremde Schwestern: Zum Verhältnis von Allgemeiner Didaktik und empirischer Lehr-Lern-Forschung" war der Titel des Vortrages von Ewald Terhart, den er im September 2001 im Rahmen der 8. Fachtagung Pädagogische Psychologie in Landau hielt. Einführend begründete er den Titel seines Vortrags:

> „Meine Ausgangsthese ist: Obwohl die Allgemeine Didaktik und die empirische Lehr-Lern-Forschung sich auf den gleichen Gegenstandsbereich beziehen, dominiert zwischen diesen beiden Teildisziplinen Fremdheit

und organisiertes Nicht- zur- Kenntnis nehmen. Bislang ist es hier eher zu wechselseitigen Fehlwahrnehmungen als zu einer tatsächlichen Zusammenarbeit gekommen – obwohl beide Seiten davon profitieren könnten."

Dieser angesprochenen Fremdheit entgegenwirkend entwickeln und evaluieren wir empirisch den Ansatz KLU zur Förderung eines kompetenz-orientierten Unterrichts und versuchen dabei eine Brücke zwischen Allgemeiner Didaktik, Fachdidaktiken und empirischer Lehr-Lern-Forschung zu schlagen.

Die zurzeit intensiv betriebene Einführung von Bildungsstandards mittels Expertenurteil und Testkonstruktion erfordert bereits die Zusammenarbeit zwischen Fachdidaktiken und empirischer Lehr-Lern-Forschung. Wie kann die empirische Validität dieser Bildungsstandards geprüft werden? Dazu müsste man die Schülerleistungen zum festgelegten Bildungsstandard für ein Fach und eine Jahrgangsstufe erheben und diese mit den Leistungen der betreffenden Schüler bei Lernerfolgskontrollen zu *inhaltlich unterschiedlichen* Unterrichtseinheiten zum betreffenden Lehrplan korrelieren. Die Korrelation müsste hierbei hoch sein. Dies erfordert, dass die Lehrziele bzw. präskriptiven Kompetenzen der Unterrichtseinheiten hinreichend präzisiert werden und ein kompetenzvalider (bzw. lehrzielvalider) Unterricht samt kompetenzvalider (bzw. lehrzielvalider) Lernerfolgskontrolle stattgefunden hat. Dazu müssten die Lehrer die Kompetenz zum KLU haben. Wenn sich herausstellte, dass die Lernerfolgskontrolle zu einem aus der Sicht der Fachdidaktik unverzichtbaren Lehrstoff nicht mit dem betreffenden Bildungsstandard korreliert, dann liegt es nahe, diesen zu ändern. Insofern ist Kompetenz zum KLU grundlegend für die empirische Validierung der Bildungsstandards, die gegenwärtig im Sinne des normativen Aspekts festgelegt und gefordert werden. Ebenso ist KLU grundlegend für eine informelle Validierung durch die Lehrkräfte. Als wir uns keinen grundsätzlichen Unterschied zwischen präskriptiven Kompetenzen und Lehrzielen gibt, verwenden wir im Folgenden bei der Erläuterung von KLU der Einfachheit halber meist nur das Wort „Lehrziel".

4.2.2 Die vier Module von KLU

Lehrer, welche die Kompetenz zum KLU hinreichend erworben haben, müssen u.E. vier Teilkompetenzen beherrschen die vier Modulen zuordnen (vgl. Abbildung. 15). Modul 1 besteht darin, Lehrziele als eine Klasse von Aufgaben zu beschreiben, die Lernende lösen können sollen, wenn sie das Lehrziel erreicht haben. Somit ist die Lehrzielpräzisierung ein Problem der Aufgabenanalyse. Die Bestimmung der Lehrstoffe in den einzelnen Fächern und der dazugehörigen Lehrziele hängt zunächst von der Sachstruktur der betreffenden Disziplin und von fachdidaktischen Überlegungen ab. Wenn diese Bestimmung im Sinne einer rationalen, d.h. sachstrukturorientierten Aufgabenanalyse vorliegt, kann eine psychologische Analyse über zielführende Lehr-Lern-Prozesse erfolgen.

Natürlich fließen bereits bei der Lehrstoffbestimmung psychologische Überlegungen mit ein, dennoch haben sich diese in vielen Details an den fachlichen Vorgaben zu orientieren. Ein gutes Verfahren der Unterrichtsplanung benötigt zunächst eine Methode der rationalen Aufgabenanalyse, welche die fachlichen Anforderungen in Form von Lehrzielen einer Unterrichtseinheit spezifizieren und in das entsprechende Fachgebiet einordnen kann. Diese Lehrziele bilden den Ausgangspunkt für die Module 2 und 3. Modul 2 betrifft die Fähigkeit zur Gestaltung der Lernumgebung als Wahl und Gestaltung der einzusetzenden Unterrichtsmethoden und -medien. Modul 3 beinhaltet die Fähigkeit, die Lernerfolgskontrolle und die Qualitätssicherung des Unterrichts, beides zusammengefasst unter dem Begriff „Evaluation“, durchführen zu können. Modul 4 beschreibt schließlich, dass die Lehrkraft in der Lage ist, den Unterricht so durchzuführen, dass ihre Schüler die Chance haben, gemäß der Lehrziele der betreffenden Unterrichtseinheit das zu lernen, was sie nach dem Unterricht können sollen. Zu Modul 4 gehört auch die Fähigkeit des Lehrers, die Qualität seines Unterrichts hinsichtlich der angestrebten Ziele der Unterrichtseinheit bewerten zu können.

Zusammenfassend besteht die Kompetenz zum KLU, wie in Abbildung 15 gezeigt wird, aus vier unverzichtbaren Modulen. Jedes einzelne Modul kann durch unterschiedliche Methoden realisiert werden. Mit der Nummerierung ist keine Reihenfolge der Unterrichtsplanung gemeint, vielmehr müssen bei der jeweiligen Konzentration auf ein Modul die anderen immer mit bedacht werden. Dabei kommt dem Modul 4 eine besondere Bedeutung zu, denn es sichert die Lehrzielvalidität des Unterrichts ***und*** seiner Evaluation, es gewährleistet damit einen entscheidenden Aspekt der Effizienz des Unterrichts, seines wichtigsten Gütemerkmals oder anders ausgedrückt: es gewährleistet die nachprüfbare Output-Orientierung des Unterrichts.

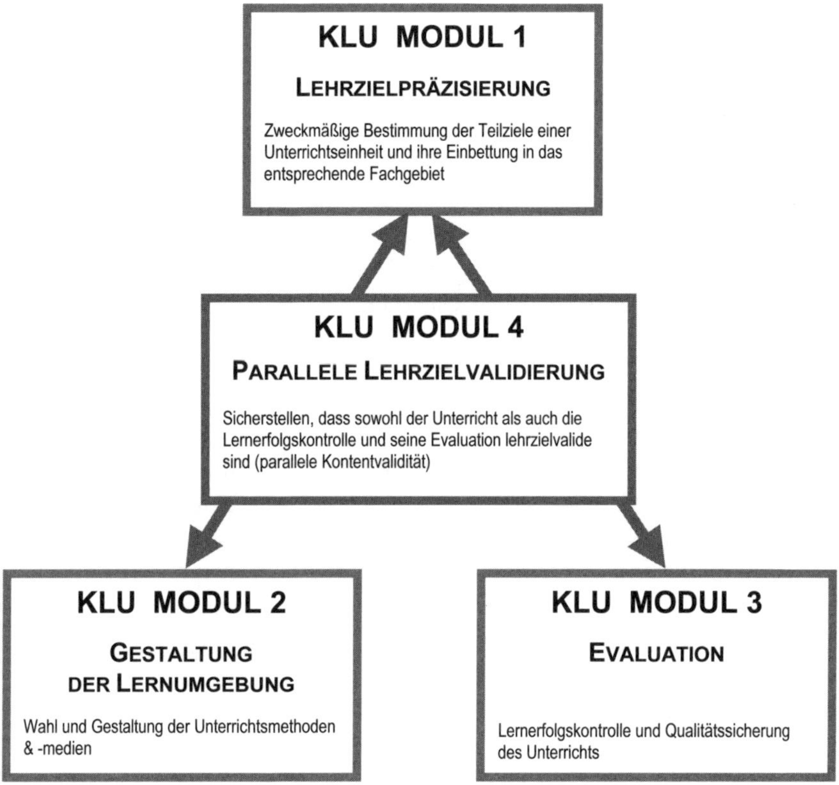

Abbildung 15: Vier Module der Kompetenz, lehrzielvalide, d.h. auch kompetenzvalide unterrichten zu können (kurz KLU MODULE), Erläuterung im Text

4.2.3 Lehrzielvalidität und Aufgabenanalyse bei KLU

Das Problem der Lehrzielvalidität und damit auch der Lehrzielpräzisierung war zurzeit behavioristischer Ansätze und des Programmierten Unterrichts sehr aktuell, wobei allerdings, wie bereit erwähnt, der Inhaltsaspekt von Lehrzielen und Lehrstoffen zu wenig beachtet wurde. Nach der „kognitiven Wende“ trat das Problem der Lehrzielvalidität und der Lehrzielpräzisierung jedoch in den Hintergrund. Zwar wurde bei einzelnen, insbesondere deskriptiven Untersuchungen, etwa beim Erlernen physikalischer Begriffe im Rahmen der durchgeführten Experimente, mit Hilfe von Aufgabenanalysen sorgfältig darauf geachtet, dass die Lernvorgänge valide bezüglich der Lerngegenstände waren, eine präskriptive, fächerübergreifende Vorgehensweise zur Sicherung der Lehrzielvalidität mit einer systematischen Erprobung verschiedener Formate der Aufgabenanalyse findet man jedoch, von Ausnahmen abgesehen (vgl. Abschnitt 4.2.6), ebenso wenig wie eine allgemein anerkannte Methode der Beschreibung von Lehrzielen (oder Lernzielen, die hier gleichbedeutend zu Lehrzielen und zu präskriptiven Kompetenzen verstanden werden). Allerdings sind diese Feststellungen und im Folgenden ähnliche Feststellungen mit der Einschränkung zu versehen, dass es nur sehr begrenzt möglich ist, die internationale Forschungslage zur präskriptiven Lehr-Lern-Forschung in allen Unterrichtsfächern und für alle Lernenden (Schüler, Studenten, Weiterbildung) zu überblicken.

Arbeiten zur Aufgabenanalyse haben einen engen Bezug zur Lehrzielvalidität und Lehrzielpräzisierung beziehungsweise zur Kompetenzvalidität und zur Präzisierung präskriptiver Kompetenzen, weil man nur mit Hilfe von Aufgaben, die man lösen kann, wenn man das Lehrziel erreicht hat, eine Erreichung des betreffenden Lehrziels prüfen kann. Zahlreiche in der psychologischen Fachliteratur zu findende Verfahren der kognitiven Aufgabenanalyse (vgl z.B. Jonassen, Hammon, Tessmer, 1989; Schraagen, Chipman, Shalin, 2000) wurden nicht direkt für den schulischen Kontext konzipiert und wurden im Gegensatz zu unserem Ansatz nicht fächerübergreifend erprobt. Aus diesem Grund konzentriert sich unsere weitere Darstellung auf Lehrzieltaxonomien.

4.2.4 Lehrzieltaxonomien und KLU

Der bereits erwähnte Ralph Tyler veröffentlichte 1949 erstmalig in den USA das Buch über Curriculum und Unterricht, das innerhalb von 20 Jahren in 30 Auflagen herausgegeben wurde. Er schlug, wie schon ausgeführt, eine Verhaltens-Inhalts-Matrix, auch Tyler-Matrix genannt, vor. Dazu wurde bekanntlich die Taxonomie von Lernzielen (Bloom et al., 1956) als ein hierarchisches Modell zur Aufgliederung des Inhaltsaspekts vorgeschlagen. Die Hierarchie dieser Lernzieltaxonomie konnte empirisch nicht voll bestätigt werden.

Die unseres Wissens neueste Taxonomie für das Lernen, Unterrichten und Prüfen (Anderson, Krathwohl et al., 2001) erschien 2001 als Revision der Bloom'schen Taxonomie und ist als anwenderfreundliche Revision für den Praktiker gedacht (S. 259). Diese Taxonomie trennt zwischen Inhalts- (Dimension „Wissen“) und Prozessebene (Dimension „Kognitiver Prozess“). Darüber hinaus wird ein Kontinuum des „Abstraktionsgrades“ hinter der Dimension

„Wissen“ angenommen, welches jedoch keine explizite theoretische Begründung erfährt. Auch hinter der Dimension des „Kognitiven Prozesses“ wird ein Kontinuum zunehmender „Kognitiver Komplexität“ (Anderson, Krathwohl et al., 2001, S. 5) angenommen, gleichfalls ohne dies auch nur ansatzweise theoretisch zu begründen. Da unsere Ansätze der Lehrzielpräzisierung, GRIP und PLANA, u.E. die Struktur des jeweiligen Lerngegenstandes besser berücksichtigen, werden wir hier nicht näher auf die neue Lehrzieltaxonomie von Anderson, Krathwohl et al. (2001) eingehen.

4.2.5 Bildungsstandards und KLU

Gegenwärtig vollzieht sich in der Schulpraxis eine Entwicklung, in der Lehrpläne immer größere Anteile an frei gestaltbaren, auch fächerübergreifenden Phasen enthalten. Wir befürchten, dass es unter diesen von Veränderungen gekennzeichneten Bedingungen – einerseits größere Freiräume bezüglich des Lehrplans, andererseits häufigere Leistungsstandbestimmungen wegen der Output- Orientierung – gravierend an den aufgabenanalytischen, diagnostischen und didaktischen Kompetenzen von Lehrern mangelt, um in der Regel unter massivem Zeitdruck einen klassen- besser noch schülerspezifischen „bildungsstandardgerechten Unterricht“ halten zu können. Das heißt, die Lehrer und auch die Lehrbuchautoren sollten in der Lage sein, die Bildungsstandards anhand der vorgeschriebenen Lehrstoffe als präskriptive Kompetenzen bzw. Lehrziele zu formulieren, diese Kompetenzen im Unterricht zu vermitteln und deren Erreichung zu überprüfen. Kurz: Die Lehrkräfte und Lehrbuchautoren benötigen die Kompetenz zum KLU.

4.2.6 Eigene Arbeiten über Aufgabenanalysen, Lehrzielpräzisierung und Lehrstoffanalyse (vgl. Modul 1 in Abbildung 1)

Zum Problem der Aufgabenanalyse, Lehrstoffanalyse und Lehrzielpräzisierung wurden von uns theoretische Arbeiten und zwei Analyseverfahren entwickelt, von denen in verschiedenen Publikationen berichtet wurde (vgl. dazu Schott, 1975; Schott, Neeb, & Wieberg, 1981, 1982 1984; Schott, 1985, 1991,1992). Das erste Verfahren heißt, wie schon erwähnt, GRIP (**G**eneral **r**epresentational **i**nstructional task **p**rocedure, früher ARL genannt: **A**llgemeines **R**epräsentationsverfahren für **L**ehrstoffe, vgl. Schott 1975, 1991). Die Zielsetzungen des GRIP-Verfahrens wurden bereits in Abschnitt 3.5.2.2 aufgelistet.

Während GRIP eher für Forschungszwecke gedacht ist, soll die umgangssprachliche Variante von GRIP, nämlich PLANA der Planung eines kompetenzorientierten und output-orientierten Unterrichts dienen. PLANA (**P**rogramm zur **L**ehrstoff-**Ana**lyse) ist unseres Wissens das einzige Verfahren zur Lehrstoffanalyse und Lehrzielpräzisierung mittels Aufgabenanalyse, das durch umfangreiche empirische Untersuchungen mit Lehramtsstudenten und Lehrern erfolgreich evaluiert wurde (vgl. Schott, Wieberg, & Neeb, 1981; Neeb, Schott & Wieberg, 1984; Schott, Neeb, & Wieberg, 1984; Wieberg, Schott, & Neeb 1984; Schott et al. 1996). Unter „Lehrstoffanalyse" verstehen wir hier eine Sachanalyse der Aufgaben, die ein Schüler lösen kann, wenn er den betreffenden Lehrstoff beherrscht. Die Ausgangsfrage dabei war die hier schon mehrmals erwähnte Frage: Wie kann man gewährleisten, dass der Lernende die Chance hat, während der Lehrstoffvermittlung das zu lernen, was er später bzw. bei der Prüfung können soll? Wir haben inzwischen das PLANA-Verfahren seit seiner Veröffentlichung weiterentwickelt, insbesondere was die praktische Anwendung durch Lehramtsstudenten und seine Einbindung in den gesamten Prozess der Unterrichtsplanung betrifft.

4.2.7 Eigene Arbeiten zum Instruktionsdesign für den Schulunterricht (vgl. Module 2 und 3 in Abbildung 1)

Folgende eigene Vorarbeiten aus dem Bereich Instruktionsdesign für die Schule, die in KLU integriert werden, liegen vor:

- Instruktionsdesign (Schott, 2001).
- UCIT (Universal Constructive Instructional Theory) versucht die wichtigen Komponenten einer jeden Planung von Unterricht in ihrem Zusammenwirken zu erfassen und für die Forschung und Praxis nutzbar zu machen (Schott & Driscoll, 1997; Schott, Grzondziel & Hillebrandt, 2002). UCIT wird zurzeit weiterentwickelt und mit dem PLANA-Verfahren integriert.
- Aufbauend auf UCIT wurde ELISE (Effiziente Lern- und Informations-System-Evaluation), ein Verfahren zur Evaluation von Lernprogrammen und Unterricht, entwickelt und in einem ersten Ansatz erprobt (Schott, 2000; Schott, Sachse & Schubert, 2000).
- Arbeiten zu lehrzielorientierten Tests und zu deren Integration mit Ansätzen aus GRIP und PLANA (Schott & Kretschmer, 1977; Schott & Wieberg, 1984; Schott, 1983, 1994b).
- Arbeiten zum Lernen und zur Analyse von Lernhandlungssequenzen (Schott et al., 2004; Seidel & Prenzel, 2008).
- Arbeiten zur Wissenspsychologie einschließlich der Analyse Vermittlung und Überprüfung von Kompetenzen (Schott, 2008).

4.2.8 Entwicklung des Ausbildungskonzepts „Psychologische Didaktik" zur Förderung von KLU (vgl. alle vier Module in Abbildung 1)

In Seminaren vermitteln wir seit einigen Jahren die grundlegenden Kompetenzen zu einem kompetenzorientierten beziehungsweise lehrzielorientierten Unterricht an Lehramtsstudenten mittels einer Konzeption, die der Förderung von KLU mit seinen vier Modulen entspricht. Diese Konzeptionen nennen wir „Psychologische Didaktik" (u.A. in respektvoller Erinnerung an Hans Aebli). Die dort gewonnenen Erfahrungen bilden den praktischen Ausgangspunkt für KLU. Dabei erhalten die Studenten ein Skript und führen nach unserer Konzeption eines KLU die Lehrzielpräzisierung, die Planung der Unterrichtsgestaltung und der Lernerfolgskontrolle praktisch durch und geben zu den einzelnen Punkten wöchentlich Hausaufgaben ab, die zur Rückmeldung an die Studierenden und zur formativen Evaluation des Seminarkonzepts dienten und noch dienen.

Literatur

Anderson, L.W. & Krathwohl, D.R. (Eds., 2001) *A Taxonomy for Learning, Teaching and Assessing. A Revision of Bloom's Taxonomy of Educational Objectives*. New York, San Fransisco, Boston: Addison Wesley Longman, Inc.

Bloom, B.S., Engelhardt, M.B., Furst, E.J., Hill, W.H. & Krathwohl, D.R. (1965). *Taxonomy of educational objectives. The Classification of educational goals. Handbook I: Cognitive domain*. New York: Longmanns Green.

Bloom, B.S., Hastings, J.T. & Madaus, G.G. (1971). *Handbook on formative and summative evaluation of student learning*. New York: McGraw-Hill.

Bloom, B.S. (1969, 5. prin.). *Taxonomy of Objectives. The classification of Educational Goals* (1956). New York: David McKay Company, Inc.

Blum, W., Drüke-Noe, C., Hartung R. & Köller, O. (Hrsg) (2006). *Bildungsstandards Mathematik: konkret. Sekundarstufe I: Aufgabenbeispiele, Unterrichtsanregungen, Fortbildungsideen.* Berlin: Cornelsen Verlag Scriptor.

Cronach, L.J. & Gleser, G.C. (1957). *Psychological Tests and Personal Decisions.* Urbana: University of Illinois Pres.

Dörner, D. (1974). *Die kognitive Organisation beim Problemlösen. Versuche zu einer kybernetischen Theorie der elementaren Informationsverarbeitungsprozesse beim Denken.* Bern, Stuttgart, Wien: Huber.

Dörner, D. (1989). *Die Logik des Misslingen. Strategisches Denken in komplexen Situationen.* Rowohlt: Reinbek bei Hamburg.

Ernst, G.W. (1970). GPS and decision making: an overview. In: Banerji, R. & Mesarivic, M.D. (Eds.). *Theoretical approaches to non-numerical problem solving*, 117–119. Berlin, Heidelberg, New York: Springer.

Fischer, K.W. (1980). A theory of cognitive development: the control and construction of hierarchies of skills. *Psychological Review, 37*, 477–531.

Ganter, B. & Wille, R. (1999). *Formal Concept Analysis: Mathematical Foundations*. Berlin, Heidelberg: Springer.

Goel, V. & Pirolli, P. (1989). Motivating the Notion of Generic Design Whitin Information Processing Theory: The Design Problem Space. *AI Magazine*, 10, 19–36.

Holzkamp, K. (1964). *Theorie und Experiment in der Psychologie. Eine grundlagenkritische Untersuchung.* Berlin: de Gruyter.

Hoymann, T. (2005). *Umdenken nach dem PISA-Schock: Das gesamtdeutsche Zentralabitur als Motor für den Wettbewerb im Bildungsföderalismus*. Marburg: Tectum.

Ingenkamp, K. (1971). *Die Fragwürdigkeit der Zensurengebung*. Weinheim, Basel: Beltz.

Jonassen, D.H., Hammon, W.H & Tessmer, M. (Eds.) (1989). *Handbook of Task Analysis Procedures*. New York: Praeger Publishers.

Kamlah, W. & Lorenzen, P. (1996). *Logische Propädeutik – Vorschule des vernünftigen Redens*. (3. Aufl.). Stuttgart: J.B. Metzler Verlag.

Klauer, K.J. (1974). *Methodik der Lehrstoffdefinition und Lehrstoffanalyse*. Düsseldorf: Schwann.

Klauer, K.J. (1986). Grundkategorien pädagogisch-psychologischer Forschung. In: Weidenmann, B. & Krapp, A. (Hrsg.). *Pädagogische Psychologie. Ein Lehrbuch*. (S. 67–89). Weinheim: Beltz PVU.

Klauer, K.J. (1997). Instructional Design Theory: A Field in the Making. In: Dijkstra, S., Schott, F., Seel, N. &. Tennyson, R (Eds.): *Instructional Design: International Perspectives*. Lawrence Erlbaum Associates, Inc., Publishers: Hillsdale, New Jersey. Volume I: R. Tennyson & F. Schott (Eds.): *Theory and Research, Part A: Theoretical Foundations of Instructional Design*, Chapter 23, 447–453.

Klieme, E. et al. (2003). *Zur Entwicklung nationaler Bildungsstandards: Eine Expertise.* Bonn: Bundesministerium für Bildung und Forschung. *http://www.bmbf.de/pub/zur_ entwicklung_nationaler_bildungsstandards.pdf* [letzter Abruf: 10.07.2008]

Klieme, E. & Hartig, J. (2008). Kompetenzkonzepte in den Sozialwissenschaften und im erziehungswissenschaftlichen Diskurs. In: Prenzel, M., Gogolin, I. & Krüger, H.-H. (Hrsg.). *Kompetenzdiagnostik. Zeitschrift für Erziehungswissenschaft*, Sonderheft 8, 11–29.

Klieme, E. & Leutner, D. (Juni 2006). *Kompetenzmodelle zur Erfassung individueller Lernergebnisse und zur Bilanzierung von Bildungsprozessen*. Überarbeitete Fassung des Antrags an die DFG auf Einrichtung eines DFG SPP Kompetenzdiagnostik.

Lehtinen, E. (1994). Institutionelle und motivationale Rahmenbedingungen und Prozesse des Verstehens im Unterricht. In: Reusser, K. & Reusser-Weyeneth, M. *Verstehen. Psychologischer Prozess und didaktische Aufgabe*. (S. 143–162). Bern: Verlag Hans Huber.

Loevinger, J. (1957). Objective tests as instruments of psychological theory. *Psychological Reports, 3*, 635–694.

Mager, R.F. (1977). *Lernziele und Unterricht*. Weinheim: Beltz.

Mandl, H. & Gerstenmaier, J. (Hrsg.) (2000). *Die Kluft zwischen Wissen und Handeln*. Göttingen: Hogrefe.

Mittelstraß, J. (Hrsg.) (2004). *Enzyklopädie Philosophie und Wissenschaftstheorie*. Stuttgart, Weimar: Verlag J.B. Metzler.

Neeb, K.-E., Schott, F. & Wieberg, H.-J.W. (1984). *Empirical Evaluation of different procedures for construction criterion-referenced items. Studies in Educational Evaluation, 10,* 191–204.

Schiefele, U., Streblow, L., Ermgassen, U. & Moschner, B. (2003). Lernmotivation und Lernstrategien als Bedingungen der Studienleistung: Ergebnisse einer Längsschnittstudie. *Zeitschrift für Pädagogische Psychologie, 17(3-4)*, 185–198.

Schott, F. (1972). Zur Präzisierung von Lehrzielen durch zweidimensionale Testaufgaben. In: Klauer, K.J., Fricke, R., Herbig, R. & Schott, F. (Hrsg.). *Lehrzielorientierte Tests*. Düsseldorf: Schwann.

Schott, F. (1973). *Zur Konstruktion von Lehrstoffen und Lehrzielen – Ein Ansatz zur Konstruktion und Darstellung von Lehrstoffen, Lehrzielen, Lehrverfahren und Verhaltensänderungen mit einer normierten Sprache*. Dissertation, Technische Universität Braunschweig.

Schott, F. (1975). Lehrstoffanalyse – *Ein Beschreibungssystem zur Analyse von Inhalt und Verhalten bei Lehrzielen*. Düsseldorf: Schwann.

Schott, F. (1983). Probleme kriteriumsorientierter Leistungsmessung: Zum praktischen Nutzen kriteriumsorientierter Tests im Unterricht. In: Horn, R., Ingenkamp, K. & Jäger, R. (Hrsg.). *Tests und Trends 3. Jahrbuch der Pädagogischen Diagnostik.* (S. 61–63). Beltz Verlag.

Schott, F. (1985). Die Konstruktion valider Lernaufgaben *Unterrichtswissenschaft, 2*, 149–168.

Schott, F. (1990). Aktuelle Stufentheorien der Kognitiven Entwicklung. In: Hetzer, H., Todt, E., Seiffge-Krenke, I., Arbinger, R. & Schott, F. (Hrsg.). *Angewandte Entwicklungspsychologie des Kindes- und Jugendalters*, (S. 124–130). Heidelberg: UTB Quelle & Meyer.

Schott, F. (1991b). Instruktionsdesign, Instruktionstheorie und Wissensdesign: Aufgabenstellung, gegenwärtiger Stand und zukünftige Herausforderungen. *Unterrichtswissenschaft, 19,* 195–217.

Schott, F. (1992a). Instruktionsdesign. Auf dem Weg zur Lernkultur bei der Erwachsenenbildung. *Education permanente. Schweiz. Zeitschrift für Erwachsenenbildung*, 2, 70–77.

Schott, F. (1992b). The contributions of cognitive science and educational technology to the advancement of instructional design theory. Discussion of the Special Issue „Educational technology: Four decades of research and Theory". *Educational Technology Research and Development, 40*, 55–57.

Schott, F. (1992c). The Useful Representation of Instructional Objectives: A Task Analysis of Task Analysis. In: Dijkstra, S, Krammer, H.P.M. & Merriënboer J.J.G. van (Eds.), *Instructional Models in Computer-Based Learning Environments.* (p. 117–119). Berlin, Heidelberg, New York: Springer.

Schott, F. (1994b) Efficiency as lodestar for the modelling ID research adventure. In: Lowyck, J. & Elen, J. (Eds.) (1994): *Modelling ID Research*, (p. 21–33). Leuven, 1994.

Schott, F. (2000). Evaluation aus theoriegeleiteter, ganzheitlicher Sicht. In: Schenkel, P., Tergan, S.-O. & Lottmann, A. (Hrsg.). *Qualitätsbeurteilung multimedialer Lern- und Informationssysteme. Evaluationsmethoden auf dem Prüfstand.* (S. 106–124). Nürnberg: Verlag Bildung und Wissen.

Schott, F. (2001). Instructional Design. In: Smelser, N. & Baltes; P.B (Eds.). *International Encyclopedia of the Social and Behavioral Sciences*. London: Elsevier.

Schott, F. (2008). *Analyse, Anwendung, Transfer von Information, Wissen und Kompetenzen. Theoretischen Grundlagen und praktischen Anwendungen.* Manuskript zur Vorlesung über Wissenspsychologie. TU Dresden.

Schott, F., Al-Diban, S., Hillebrandt, D., Schubert, Th., Heyne, N. & Herrmann, U. (2004). Complex learning in multimedia environments – which kind of learning and how to research on it? In: Niegemann, H., Leutner, D. & Brünken, R. (Eds.). *Instructional Design for Multimedia Learning.* (S. 99–111). Münster, New York, München, Berlin: Waxmann.

Schott, F. & Driscoll, M. (1997). *On the Architectonics of Instructional Theory*. In:. Dijkstra, S., Schott, F., Seel, N & Tennyson, R (Eds.). *Instructional Design. International Perspectives*. Lawrence Erlbaum Associates, Inc., Publishers: Hillsdale, New Jersey. Volume I. Tennyson, R. & Schott, F. (Eds.). *Theory and Research, Part A: Theoretical Foundations of Instructional Design*, Chapter 7, (S. 135–177).

Schott, F. & Seidl, P. (1997). PLANA: An ID Model Focusing on Instructional Task Analysis. In:. Dijkstra, S., Schott, F., Seel, N. & Tennyson, R. (Eds.). *Instructional Design: International Perspectives*. Lawrence Erlbaum Associates, Inc., Publishers: Hillsdale, New Jersey. Volume I: R. Tennyson & F. Schott (Eds.): *Theory and Research, Part A: Theoretical Foundations of Instructional Design*, Chapter 20, (S. 412–495).

Schott, F., Grzondziel, H. & Hillebrandt, D. (2001). What kind of instructional theory do we need for instructional technology in the 21st century? *Journal of Structural Learning, 14 (4),* 371–383.

Schott, F., Grzondziel, H. und Hillebrandt, D. (2002). UCIT – Instruktionstheoretische Aspekte zur Gestaltung und Evaluation von Lern- und Informationsumgebungen. In: Issing, L.J. & Klimsa, P. (Hrsg.) *Information und Lernen mit Multimedia.* Weinheim: Psychologie Verlags Union.

Schott, F., Held, S., Kemter, St. & Seidl, P. (1996). *The GRIP-EFFI-Approach to Grip Efficiency of Learning.* Paper presented at the 2nd International Workshop of the Special Interest Group „Instructional Design" within the European Association for Research on Learning and Instruction (EARLI)) titled: Instructional Theory and the Efficiency of Instruction, June, (p. 14–15).

Schott, F. & Kretschmer, I. (1977). Konstruktion lehrzielvalider Testaufgaben aufgrund einer normierten Lehrstoffanalyse. In: Klauer, K.J., Fricke, R., Herbig, R. & Schott, F. Lehrzielorientierte Leistungsmessung. (S. 26–64). Düsseldorf: Schwann.

Schott, F., Neeb, K.-E. & Wieberg, H.-J.W. (1981a). *Lehrstoffanalyse und Unterrichtsplanung – Eine praktische Anleitung zur Analyse von Lehrstoffen, Präzisierung von Lehrzielen, Konstruktion von Lehrmaterialien und Überprüfung des Lehrerfolgs.* Braunschweig: Westermann.

Schott, F., Wieberg, H.-J.W. & Neeb, K.-E. (1981b). Empirischer Vergleich verschiedener praxisnaher Handlungsanweisungen zur Erstellung lehrzielvalider Testaufgaben. *Zeitschrift für empirische Pädagogik, 5,* 137–147.

Schott, F., Neeb, K.-E. & Wieberg, H.-J.W. (1982). Zweckmäßige Repräsentation der Bedeutung von Lehrstoffen als Problem der Lehr-Lern-Forschung und der pädagogischen Praxis. *Zeitschrift für Pädagogik, 28,* 527–544.

Schott, F., Neeb, K.-E. & Wieberg, H.-J. W. (1984). A general procedure for the construction of content-valid items for goal-oriented teaching and testing. *Studies in Educational Evaluation, 10,* 179–189.

Schott, F., Sachse, S. & Schubert, T. (2000). ELISE – ein theorie-, adressaten- und evaluatorenorientiertes Verfahren zur ganzheitlichen Evaluation von multimedialen Lern- und Informationssystemen. In: Schenkel, P., Tergan, S.-O. & Lottmann, A. (Hrsg.). Qualitätsbeurteilung multimedialer Lern- und Informationssysteme. (S. 217–242). Nürnberg: Bildung und Wissen.

Schott, F. unter Mitarbeit von Wieberg, H.-J.W. (1984). Regelgeleitete Itemkonstruktion. Ein Verfahren zur Definition von Itemuniversa und deren kontentvalider Abbildung in Itemmengen für Tests und Treatments. *Diagnostica 30,* 46–66.

Seel, N.M. (1991). Weltwissen und mentale Modelle. Göttingen: Hogrefe.

Seel, N.M. (2001). Aufbau und Veränderung mentaler Modelle. In: Franke G. *Komplexität und Kompetenz: Ausgewählte Fragen der Kompetenzforsch*ung. München: Bertelsmann.

Seel, N.M. (2003). Model-centered learning and instruction. *Technology, Instruction, Cognition, and Learning*, *1(1),* 59–85.

Seel, N.M., Ifenthaler, D. & Pirnay-Dummer, P. (in print). Mental Models and Problem Solving: Technological Solutions for Measurement and Assessment of the Development of Expertise. To be published in: Strobel, J., Jonassen, D. & Hung, W. (Eds.). *Learning by modeling systems.* Mahwah, NJ: Erlbaum.

Seidel, T & Prenzel, M. (2007). Erfassung pädagogisch-psychologischer Kompetenzen mit Videosequenzen. In: Prenzel M. *Kompetenzdiagnostik: Zeitschrift für Erziehungswissenschaft, Sonderheft 1/2007.* Marburg: Tectum.

Seiler, T.B. (2008). *Wissen zwischen Sprache Information Bewusstsein: Probleme mit dem Wissensbegriff.* Münster: Monsenstein und Vannerdat.

Tyler, W. (1971). *Basic Principles of Curriculum and Instruction*. Chicago: The University of Chicago Press.

Wieberg, H.-J.W. & Schott, F. & Neeb, K.-E. (1984). Empirical comparison of trained and nontrained teachers in construction criterion-referenced items. *Studies in Educational Evaluation, 10*, 199–204.